石橋湛山の
慈悲精神と世界平和

石村柳三

コールサック社

石橋湛山の慈悲精神と世界平和

目次

第二章　湛山・平和精神の水脈

第三章　湛山の相逢と引き継がれる言説

第四章　湛山へ捧ぐ詩　――生命の粘液――

序文に代えて

山梨平和ミュージアム―石橋湛山記念館　理事長
浅川　保

著者・石村柳三さんは、ここ十年来の知己である。

二〇〇七年五月、甲府に八〇〇人からの賛同者の浄財で、民立民営の山梨平和ミュージアム―石橋湛山記念館―が開館した際、はるばる千葉からお祝いに駆けつけてきて頂いた。それ以降、お手紙やご著書を頂き、交流を深めている。同じ東北出身（石村さんは青森、私は福島）であり、お互い、石橋湛山に傾倒し、日本国憲法の平和主義に深く共鳴しているからかもしれない。

その石村さんが、二〇〇四年刊の前著『石橋湛山―信念を背負った言説』（高文堂出版社）に続き、この間の石橋湛山関係のエッセイ、論考をまとめ、本書を出された。一九八六年、石橋湛山の中学生時代の文章を湛山の母校・甲府一高で発見して以来、湛山研究の末端に連なる者として、大変、喜ばしい事である。

本書の特長は、身延山高校、立正大学出身で仏教・日蓮宗に造詣の深い著者による、石橋湛山についての味わい深いエッセイ集であり、湛山の人間的魅力、人間像を、詩人の豊かな感性で描き切った一書ということである。それは、例えば、本書の中心とも言える第一章の各文の表題、「石橋湛山の人間的感性を見る」、「石橋湛山の涙」、「雨新者　石橋湛山の堅固な信念」、「石橋湛山の心情と句眼」等の名称に端的に表れている。その中で、私が最も印象に残ったエッセイ、「雨新者　石橋湛山の堅固な信念―その磁石のごとき人間性の魅力について」に、まず、触れたい。

雨新者とは、『法華経』の「香風時来　吹去萎華　更雨新者」に由来し、意味するところは、仏の教えは時代や場所を超えて回帰し、常に新鮮な光明を放っており、いつの時代にも人間の深い大事の人《にん》性《しょう》を背負い歩む雨心の精神を矜持した人はいるものである、とした上で、著者は、湛山こそ、日本の近現代の歴史に、新しい雨をふらし、言論し、その足跡を残した雨新者であるとし、『石橋湛山全集』の言説は、まことにそうした「ことばの雨」を時代に相応したものだとした。日本近現代史における湛山の生涯と思想を端的に表した、仏教と湛山の真髄に通底した著者ならではの言ではなかろうか。

第二章には、日本国憲法の平和主義、湛山の平和思想に関わる諸論考が収められている。冒頭の『「山梨平和ミュージアム―石橋湛山記念館」理事長で平和史学を語る、浅川保先生への手紙』は、二〇一五年、拙著『地域に根ざし、平和の風を』（平原社）を著者に贈らせて頂いた事に対する著者からのお礼の手紙、書評である。過分なる賛辞にただただ恐縮の至りである。書評の中で私が拙著で触れた阿部善雄、鈴木安蔵に対し、著者は二人の学問的業績や立正大学との関わり等にも言及され、私も新たな知見を得ることができた。

『平和憲法といわれる「第九条」への感懐』は、現在大きな問題になりつつある日本国憲法九条改憲問題について、湛山の言説に関連してのコメントである。周知のように、湛山は戦前から、戦後の日本国憲法九条につながる立場から大日本主義や軍国主義、侵略戦争に反対し、非戦、言論・表現の自由を主張し続けてきた。戦後、一九五七年二月の首相退陣後、岸首相らによる憲法九条の削除、改憲の動きに対し、湛山は、例えば、一九六五年十一月二十日号の『週刊東洋経済』で「ぼくは、第九条は削除すべきではないと思う」「日本は軍備をふやす金を、国民に満足をあたえるような福祉政策にするのが、実は国防を安全にする道だ」と述べるなど、明確に反対している。また、晩年の湛山について、湛山研究の第一人者、姜克實氏は「軍備・防衛不要論に達し、理想的平和主義の色彩がいっそう濃くなった」（吉川弘文館 人物叢書『石橋湛山』）と指摘している。「安倍一強」の政治状況下、憲法九条改憲が現実味を帯びる中、湛山のこうした言説にしっかり学びたい。

「生きることにとっての嬉しいこと」は、著者が「石橋湛山平和賞」を受賞しての感懐を述べたものである。石橋湛山平和賞は、山梨平和ミュージアム―石橋湛山記念館―が、「石橋湛山の平和主義思想を後世に伝え、よりよき日本の民主主義社会の実現をめざして」、二〇一二年に創設したもので中学・高校生の部と一般（大学生以上）の部に分かれて、論文・エッセイを募集している。作家・井出孫六氏が選考委員長を務め、毎年、全国から数百件の応募が寄せられており、その二〇一三年の第二回石橋湛山平和賞に著者の「石橋湛山の締章絵句に関する小考」（本書所収）が優秀賞に選ばれた。受賞に至る経緯、表彰式に参列した時の感慨が卒直に綴られている。その末尾に、松尾尊兊、増田弘、姜克實氏らの研究成果、二〇一三年に発足した「石橋湛山研究学会」の動向等にも言及されており、近年の湛山研究の状況を知ることができる。

第三章は、著者が共感する、また、湛山との関わりの深い詩人たちとの出会い、相逢《そうふ》について述べたものである。中でも、日野原重明、辻井喬氏は、山梨平和ミュージアムとも深い関わりがあるので、お二人と平和ミュージアムとの関わりについて触れたい。山梨平和ミュージアムは、二〇〇八年十一月、国会図書館憲政資料室の石橋湛山文書等をお借りし、特別企画・石橋湛山文書展を開催した。その中に湛山の主治医でもあった日野原重明氏より湛山に宛てた手紙があったので、私から日野原先生に是非、平和ミュージアムに来て頂きたいとの手紙を出し、二〇一〇年七月九日、先生の来館が実現したのである。そして、その翌年、日野原先生が来館したことに触れて、辻井喬氏に講演をお願いしたところ、快く引き受けて頂き、二〇一二年六月、山梨平和ミュージアムでの辻井氏の講演が実現した。氏は、「いま、日本のあり方を問う」と題して、「日本国憲法の独自性をこそ世界に示すべき」と話され、会場一杯の参加者の拍手を受けた。残念ながら、お二人とも、すでに亡くなられたが、著者が本書で強調する、相逢《そうふ》、すなわち、必要としての出会い、深めて行く出会いとは、平和ミュージアムと日野原、辻井氏とのこのような関わりを言うのではなかろうか。

第四章には、詩人としての著者の作品が収められている。「物言えぬ暗黒の道を再び歩むな―ある言論人の信念の生涯をかえりみて」、「国民主権と言論表現の自由の大事―平和への理念と戦争放棄を含め」など、湛山の生涯や非戦・平和、日本国憲法に対する熱い思いが表出されており、今日的意義も高い作品である。

本書は、日本近現代史に大きな足跡を残した、偉大な言論人・石橋湛山の魅力的な人間像を、感性豊かな詩人であり、詩想家でもある著者が、渾身の力を揮って書いた貴重な一書であり、多くの方々に薦めたい。

第一章　石橋湛山の感性と信念

石橋湛山の人間的感性を見る

――仏典「一心欲見仏」の揮毫に想念するもの

〈一〉

石橋湛山（一八八四―一九七三）の生涯において他者から懇望され、あるいは自らしたため揮毫した書や色紙（南画を含め）は、それなりの数があるであろう。みすず書房から出ている『石橋湛山日記』（上下）にも、その書や、色紙（南画）などの事が記されている。

そうした中で、その書の一枚に人間石橋湛山の大切な「感性」を知ることができ、把握できる言葉がある。

それは「一心欲見仏《いっしんよくけんぶつ》」という、湛山の身近に接し、座右の言葉とした仏典の言説《ごんぜつ》であった。この仏典「一心欲見仏」についての説明は、後ほど詳しく論じることにしたい。

ところで、わたしがこの「一心欲見仏」の経典の一節を知らされたのは、歴史書の名門出版社である吉川弘文館から昨年（二〇一四年）、人物叢書・新装版『石橋湛山』（日本歴史学会編集）として刊行された一書によってであった。

この『石橋湛山』の著者は、岡山大学教授で、石橋湛山研究者のエキスパートとして名前が知られている姜克實《ジャン・クーシー》先生。中国の国費留学生として早稲田大学に学び、大著で労作ともいえる『石橋湛山の思想史的研究』（早稲田大学出版部）があり、数冊の湛山に関する著書もある。その他には『浮田和民の思想史的研究』（不二出版）、『近代日本の社会事業思想』（ミネルヴァ書房）等がある。学位の文学博士は留学した早稲田大学で取得。

ちなみに記せば、石橋湛山は姜克實先生が学んだ早稲田での大先輩の言論人である。

その、姜先生の評伝的力作ともいえる『石橋湛山』、「第五　脱冷戦の構想と行動」の「四　晩年の湛山」の項目「2　理想主義への回帰」（二三〇ページ）で、一九五七（昭和三二）年一月、湛山は病に倒れ、首相を辞任。聖路加病院に入院。その後、湛山は伊豆長岡の南山荘で療養する。この療養のとき、立正大学学長の職にあった湛山先生の側近であった斉藤栄三郎教授が、湛山学長を訪ね「御心境」の書を懇望したところ、「一心欲見仏　湛山」としたためたという。斉藤先生は、湛山の書の言葉に、静かな目で自らを内在する湛山先生の「悟りの境地に入ろうと努力している姿」と受け取り、感銘したといわれる。

湛山は宗教心のある仏教徒でもあり、仏教（東洋）にある「一念三千」の教理をふかく理解していた。一念というこころに三千大世界の心理というか、宇宙空間の心情があり、それが、「仏を念ずれば仏になり、鬼を念ずれば鬼になる」という、人間の精神《こころ》の一念の捉え方に、その見方も、考え方も変化したり、転化したりするというのだ。

そして湛山は、ふかく内在した心情をもって語る。「いま、世界に平和をもたらすのも、動乱のるつぼに投げ込むのも、人間の心一つにかかっている」のだと(『石橋湛山全集』十四巻)。さらに同全集十四巻で語っている「今や世界は未曾有の危機に瀕し、一朝誤れば、人類破滅の悲惨事さえ生ずるかにいわれております。この事態を救うものは、世界を一仏土にする平和の教えのほかにはあるまいと思います」と。こうした宗教心というか、平和の世界の安らぐ姿を願う、石橋湛山の心情というか、感性が、先に記した「一心欲見仏」の揮毫に込められていたといっていい。

湛山は早稲田では哲学を学び、研究科に進んでからは宗教学を専攻している。宗教哲学を含めてだ。また二十六歳のときであったが、早稲田大学と関係ある出版社から依頼され、確か『世界の宗教』なる著書も出している。

また若い時から『聖書』も読んでおり、なかでも仏教学についても一言ある智性を矜持していた。日蓮宗の僧侶の子として出自し、十歳のとき他人の寺にあずけられ、いわゆる他人の飯を喰って青春時代を過した湛山。実父は後に日蓮宗二十四代管長、立正大学学長、総本山身延山久遠寺第八十一代法主《ほっす》になった高僧でもある。

何一つ不自由のなかった湛山を他人の飯をもって教育させた父、杉田日布《にっぷ》上人は湛山少年に、「正しい人」になれと語り、坊主になれとは言わなかったという。厳格な教育方針のなかにも、やさしい父としての顔が浮かんでくる。

またもう一つここで語っておきたいのは、総理大臣を辞任し、聖路加病院に入院した湛山は、毎週日曜の礼拝に欠かさず参加していたとも伝えられている。経済学者・長幸男《ちょうゆきお》編『石橋湛山—人と思想――』（東洋経済新報社）の〈あとがき〉によると、東京下落合の自宅である玄関には、白ら彫金したとされる『聖書』マタイ伝の「野の百合花は如何にして育つかを思へ、労《つと》めず紡がざるなり　湛山」のレリーフが掛けられていたという。六〇年安保のとき、自宅で療養中の石橋湛山を訪ねた、長幸男が目にしたマタイ伝のレリーフ――。長幸男はこのレリーフに、湛山先生の人間性とその源をなす、「感性」の尊さを感じたといわれる。長幸男は、晩年の湛山の沈頭には、『日蓮遺文集』と『聖書』が置かれていたとも語っている。わたしはこれに仏典『法華経』をつけ加えたい。後に彼は、経済学者となり、とくに経済史学者の専門家と知られ、東京外国大学の学長にも就任された。石橋湛山研究の先駆者ともいえる先生であった。著書には『石橋湛山の経済思想』（東洋経済新報社）他数多の論文などがある。

石橋湛山の評伝的力作とも言ってもいい吉川弘文館の、姜克實教授・人物叢書『石橋湛山』で、著者は〈キリスト教の博愛精神、寛容の思想や、仏教の慈悲、「平和の教え」と「一念三千」の執念が、晩年の湛山老人の理想主義的精神世界を支え通したと思われる〉と宣べている。

とくに仏教の慈悲精神から生まれる、寛容の精神は世界の平和にとっても、大切な智恵であることを知らねばならない。現今のテロリズムや内戦、戦争の地球にあっては、仏教の寛容の思想は重要になってくるであろう。

いずれにせよ、わたしは吉川弘文館の『石橋湛山』を読み、斉藤栄三郎が所望した書に「一心欲見仏」の仏言《ぶつごん》をしたためられたことに出会ったことは、何よりもうれしく、ありがたかった。そういう意味でも、姜先生の最新刊『石橋湛山』に感謝したい。出会いの本というか、《相逢《そうふ》》の一冊としてだ。

なぜというに、この湛山の書いた「一心欲見仏」に、石橋湛山という、人間性のふかさと寛容慈悲の精神が輪線され、人間としての感性を知らされ、共感され、感受され、その思想の流露《りゅうろ》をそこに見るからである。

〈二〉

では、何故わたしが石橋湛山が書いた「一心欲見仏」に興味を抱き、ふかい呼応というか、タメ息をしたのかというと、そこには仏説されるこの仏典が、石橋湛山の生まれた日蓮宗の根本経典(仏典)である『法華経』にあったからである。『法華経』は中国で漢訳されたもので、数多くの学問僧とともに翻訳された仏典で、その代表者が中国仏教の大学者で、漢訳の翻訳僧鳩摩羅什《くまらじゅう》である。仏典(経典)の正式な名前は『妙法蓮華経』という。略して『法華経』といわれる。

湛山は、この『法華経』を子供のころから読誦しており、身に染みていた。父を日蓮宗の僧侶として、母も日蓮宗の熱心な檀家であったという立場からすれば、その感受性は当然であったろうと思う。それを仏教では薫習《くんじゅう》といっている。つまり、物に香が移り沁むごとく、生まれつきその家庭の風習というか、環境にあって、知らずしらずのうちに身についていることの感性のことだ。

すでに述べたように、少年湛山(省三)は十歳のとき、父の盟友であった望月日謙上人の寺に預けられた。山梨県中《なか》巨摩《こま》郡《ぐん》鏡《かがみ》中条《なかじょう》村《むら》（現南アルプス市鏡中条）にある日謙が住職する長遠寺《じょうおんじ》は、身延山門末の中では格式の高い一つであったといわれる。ここで、数人いたお弟子（子僧）たちと同じように、本堂や庭の掃除をしたり、食事の用意をしたり、むろん便所の掃除もあった。それに読経の練習もあったであろう。その仏教経典が『法華経』であった。

石橋湛山は死ぬまで、この『法華経』と『日蓮遺文集』と『聖書』を身近な座右のものとして、大切に接している。

『石橋湛山全集』十五巻とともに出版された、『石橋湛山写真譜　一自由主義者の歩み』（石橋湛山全集編纂委員会編）に、『法華経』を読経している写真はないかと調べてみたが、そのような写真はなかった。しかし、どこかで見たような覚えがあるので、湛山に関係した研究著書を再度調べてみたら、湛山が読経している写真がみつかった。

それは、小野文珖《ぶんこう》という立正大学仏教学部で講師をしている僧侶であった。その著書名は『昭和法華人列伝――戦火を越えて二十八人』（国書刊行会　平成五年九月二十日発行）で、法華信仰人として社会に精進した二十八人の人物論。その一人として最初に紹介され、所収されていたのが石橋湛山であった。そこに使用された三枚の写真の一枚に、『石橋湛山写真譜』にもなかった貴重なスナップ写真があった。

この読経している珍しい写真は、肺炎で倒れ、首相を辞任し、世界平和主義への構想を強めて行く晩年のころであったろうか。

着物に羽織の姿で、机の上に経巻（八冊ほど、これは法華経二十八品であろう）があり、僧侶が用いるルビのない全漢文の本格的な経本。病あがりで、少々痩せている姿が感じられる。竹の椅子に座わり、開かれた経巻に眼をやり、手は左手に右手を軽く握るように置いている。日蓮宗に出自し、子供のころ兄弟子とともに読誦した『法華経』。その経典の教理も思想も、一般の僧よりもふかく理解していた石橋湛山が浮かんでくる。早稲田の大学院で宗教学や哲学を修めた、青年時代の像もそこによみがえってくる。湛山が早稲田の研究科で宗教学を専攻したということを、知らない湛山ファンも多いであろう。

日蓮宗の高僧の血脈というか、法脈を引き影響を受けた湛山の人生には、どこか日蓮的精神というか、感性も鋭敏にまかれていた。徹底的自由主義者として、ふかい平和主義者としての魂は、日蓮の願いとした立正安国の安らぐ現世の平和にも通底するものがあろう。

かように読経していた仏典『法華経』にこそ、それもこの経典で最も重要な久遠の救い、仏陀が説かれる「妙法蓮華経如来寿量品第十六」に、あの仏の言葉「一心欲見仏」が出てくるのだ。『法華経』は二十八品に別れているが、そのハイライトの章が寿量品といわれるという。品《ほん》とはいわゆる本の中の第何章の、章のことであろう。

そのところを平楽寺書店から出ている、『眞訓兩讀　法華經并開結』（法華經普及會編）によって引用してみるなば、「一心欲見仏」の前と後に、すなわち「質直《しちぢき》意《い》柔輭《にゅうなん》　一心欲見仏　不《ふ》自《じ》惜身《しゃくしん》命《みょう》」とある（傍線は筆者）。

これは余談だが、相撲界の名横綱と申し上げてもいい貴乃花が横綱に昇進するとき、相撲協会の使者に対し、お礼というか、感謝の言葉として宣べたのが、確か『法華経』如来寿量品第十六にある「不自惜身命」であったと思っている。まこと無念無想の眼と心で、仏を一心に欲し捉えようとするならば、その意《こころ》をまっすぐに素直に、真面目に、真剣にしてかつ軟《やわ》らかにして投げ掛けるならば、仏の真実の精神やそこに言説される教えも知らされ、視ることができるであろう。そういう大慈悲の仏心にこそ、平穏があり、平和の尊さがあることを感受できよう。人間のもつ慈悲寛容の精神、つまり安らぎの感性がうまれるのであろう。そしてそうした悟りへの境地に入るには、無上道《むじょうどう》を惜しむなというのだ。無上道とは、仏の道、すなわち悟りの世界のことだ。

そのためには、出家者は「無上道」を惜しむな。自らの身命を惜しまずに仏道に励めと。一途の径に進む人は、わが身の命をも惜しまないような気持で努力せよ。その無念無心の欲する、仏道への眼こそ歓心であると。

「一心に仏を見たてまつらんと欲す」自らの姿にこそ、安らぎあり、争うことの愚かさを知らねばならない。

日蓮の教学研究や仏教史に精通し、その第一人者として知られる立正大学名誉教授渡辺宝陽博士は、この「寿量品第十六」について、次のようにも語っている。

それは、法華経如来寿量は衆生救済の総誓願を説かれているもので、現実という日常社会の三界火宅の業火の苦悶というか、世間にそうした苦悶や苦悩を救う、久遠の仏の教え、その成道《さとり》に入った釈尊が、永遠の世界からすでに仏陀《ほとけ》になっていたという真実の教え。

つまり、永遠の仏（釈尊）を説き、寿量品のイメージを明確にした章なのだ。ここに仏の光明する大慈大悲の救済と、甚深《じんしん》なる教えが宣言されたというのだ。そこには、火宅三界に苦しむ娑婆世界から解放し、「希望もたらす」感性の大事を拡大する、レンズが内在されている教えというのだ。

就中《なかんずく》、寿量品後半にある「自我偈《じがげ》」の経文に、渡辺宝陽博士は〈法華経のおしえにほんとうに感銘することのできる人は、したがって「わたしはどのような人間であるのか？」を真剣に見つめることができる人〉なのだという。言葉を換えていうならば、「自説誓言《じせつせいごん》」（自らの誓言を説け）という、自己存在を問う人間のありようの大事さ。そうした人間の放つ感性の重要さの感覚を拡げるレンズが、仏の種子として植えつけられていることを、「一心欲見仏」の言葉にあることを知らしめてくれると。

渡辺名誉教授の『法華経・久遠の救い』（ＮＨＫ出版　文庫版）を読みながら、わたしはいろいろ教えられ、学ばされた。

とまれ、そこで少し前に引用した『眞訓兩讀　法華經并開結』の「一心欲見仏」の言葉のつながりを、分かりやすく訓読で見てみれば「質直《しちぢき》にして意柔輭《こころにうなん》に　一心《しん》に佛《ほとけ》を見《み》たてまつらんと欲《ほっ》して自《みづか》ら身命《しんみやう》を惜《をし》まず」と、なる。

三界火宅の業火、リアルな時代にあった日常で、ただ一心というか、無心に仏の心をみつめ、久遠の救いを説く仏陀と一体になる。

そこには、みにくい修羅や闘争のありよう、あるいはふかく蝕む欲望もなく、静謐で安らぎをうることが大切で、感受する尊さを矜持する。そういう無念無想の仏心、直視の教えであるのかも知れない。

久遠の真実の大悲大慈の境地や、仏教徒の仏を感応する、己れの心を磨く心眼レンズを湛山は大事にしていたのであろう。

なぜなら経本（仏典）には、衆生《われら》を救済する仏の柔和さがつつまれ、なかでも《慈悲》は仏教の言説の神随《エキス》であり、感性でもあるとわたしは思っているからだ。感性すなわち、人間の感受性は、われら衆生の人間性ともつながってくるからだ。だから「一心欲見仏」の感性というか、精神が尊いのだ。石橋湛山は仏教徒のひとりとして、理屈や理論ばかりで仏を見る仏陀観ではなく、心で見る心眼、慈愛観を捉えていたのであろうと思う。自らの心中に観心する久遠実成の仏陀を……。自己相対を通して出会いながら、どこまでも自利他利《じりたり》行を超えた慈悲愛の仏を享受していた。人類や民族主義愛を超越した仏陀の光明。その根源性を抱含している寛容、慈しみ、平等の教えがながれているからだ。仏教の説く平安というか、平和への共存共生の思念への祈り、思想が、精神でもあるからだ。

前に述べたと思うが、小野文珖著『昭和法華人列伝――戦火を越えて二十八人』で、石橋湛山の着物姿での仏壇に向かって、読経している写真は、湛山の柔和な顔と安らぎの祈りが、そこに浮かび、何ともいえない美しさが、共感されて忘れられない。

その湛山先生のしたためた「一心欲見仏」の書が、広大な慈愛精神や菩薩行の人類愛を背負った、湛山の人間性や感性を知らせてくれる揮毫ともなっている。

ところで、湛山はこの「一心欲見仏」に近い言葉を著作のなかで使っているかと調べてみたら、橋本徹馬著『観音経講話』に寄せた〔序〕で、

「もし、私どもが小欲を捨て、心を柔かにして、一心に仏を見ようと願うなら、仏さまは直ちにその場に現われ、観世音菩薩の示すが如き慈悲の光をもって、私どもを包むのである。要は私どもの心がまえである。一心に仏さまを見ようとする心である。しからば、一切処に仏さまはおられ、万象ことごとく慈悲の光を放つのである。これが釈尊の教えであると思う。」と述べている（『全集』第十三巻所収　傍点は筆者）。

さて、ここでこの「一心欲見仏」の書と関連してのエピソードを一つ記しておけば、その数年後、湛山は、米ソ対立の冷戦下にあって「日中米ソ平和同盟」を願い、また病身であったが中国を訪問。北京で中国首脳と会談した。そして帰国後〈その祈りを左手で「我此土安穏《がしどあんのん》」以下の二十字として青墨で筆に托している。まさに心洗われる祈りの筆跡である。〉と渡辺宝陽博士は『法華経・久遠の救い』で語っている。そのように石橋湛山は、この現実の世の安穏（平和）を願った平和主義者の人物であった。

渡辺先生はまたこの文庫版の著書で、「一心欲見仏」を含んだ法華経如来寿量品の「自我偈」と称している一節に、「我此土安穏」の仏言があるとする。それこそが法華経要諦の「仏陀釈尊の誓願」なのだという。

いずれこの左手で揮毫した湛山先生の「我此土安穏」云々の詩偈は、文を変えて論じてみたいと考えている。

〈三〉

そこで、この「一心欲見仏」の書を手にし、尊敬する湛山先生の心境を推察し、熱く共感した斉藤栄三郎先生について一言してみたい。

斉藤栄三郎は大正二年東京に生まれる。昭和十一年早稲田大学商学部卒業。商学博士・法学博士・文学博士。日本経済新聞社に入社後、上海支局長、シンガポール支局長を経て二十四年退社。その後NHKニュース解説委員。二十七年石橋湛山が立正大学再建のため学長に就任したとき、湛山先生の側近として立正大学に赴任。立正大学教授・図書館長・評議員歴任。

昭和四十五年五月、TBSテレビ「時事放談」担当。四十九年七月参議院議員当選。以来二回当選。労働政務次官、党政務調査会審議委員、参議院商工委員長。五十九年三月立正大学経済学部教授退職。著書『太平洋戦期における日本経済の研究』（内藤書店）、『外国から来た新語辞典』（集英社）、『仏教と経済』（アルプス社）。『主婦とサラリーマンの経済学』（読売新聞社）、『お金の知恵』（徳間書店）、『世界を変える男――本田宗一郎――』（読売新聞社）など学術・一般書含め一九〇冊以上ともいわれている〈財団法人　石橋湛山記念財団『自由思想』「石橋湛山とその時代」（第33号・五十九年九月）と、『斎藤栄三郎を語る―三十一年の奉職を顧りみて』（立正大学同窓会刊　昭和六十年三月発行）を参照〉。

かようなごとく、石橋湛山と斉藤栄三郎の二人のふかい関係も知れる。そうした側近であったからこそ、斉藤先生の書の所望に「一心欲見仏」の言葉を与えたのであろう。出会いを越えた「相逢《そうふ》」ともいえる人間関係。相逢《あいあ》う運命の出会いであったともいえよう。

尚、斉藤栄三郎先生はこの『自由思想』第33号に、「立正大学学長としての功業」の文章を寄稿している。この論考の中で、彼は湛山学長の人柄といえる人間性や、もしくは人間としての姿勢をもつ内在からの〈人間的感性〉が語られているので、ここで少しばかり伝えておこうと思う。

湛山学長は、立正の経済学部の教壇に立ち、学生に講義することがあった。そしてその講義には、斉藤栄三郎先生も学生の後に座って拝聴したことが幾度かあったという。

そして印象に残った講義として、経済学の話ばかりでなく「今までの人生で体験されたこと、見聞したことの中で、学生諸君に話しておいた方がいいと思う」ことを、話されたというのだ。実際そうしたことから、日本を代表する学者や、ノーベル賞を受賞した湯川秀樹博士を招いて講演させたりしている。この高名な文化人を迎えての講演については、石橋湛山学長を支えたもう一人の側近、久保田正文博士（学監として学長を補佐）は、湛山学長が「立正文化講座」を設け、木原均博士、山田三良博士、辰野隆《ゆたか》博士等にも講演していただいたといわれる（久保田正文立正大学名誉教授「大法論」昭和四十八年七月号）。

また大学を出たばかりの無名の青年僧が、癩《ハンセン》病患者の苦しんでいるのを見てひどく心を打たれ、癩患者救済のためそれに生涯を掛け、その病院を建てた日蓮宗僧侶の綱脇龍妙《つなわきりゅうみょう》師を語り、その後大学に招き講話させたりした。

石橋湛山学長のそのような態度というか、人間としての姿に、斉藤先生は感銘したと記している。そして湛山先生の人間的本質を次のように述べているのだ。


石橋先生の本質は宗教心に基づく世界平和の探究であったと思う。学生にも経済学の講義をしながら、常に経済のための経済ではなしに、世界平和のための経済でなければならない、ということを強調したものである。金儲けのためには武器、弾薬を作り、これを敵国にまで売って金儲けさえすればいいという考えはまちがいである。あくまでも世界平和を基礎にした経済学でなければならないと、強調したものである。


人間としての信念を抱き、その人生の径を歩む人を招き、人間の生《なま》の姿を語らせる授業は、新鮮なものがあったであろう。

それも又、石橋湛山学長の学生を愛する姿であり、行動であったのであろう。

この綱脇龍妙上人のハンセン病救済の一生については、湛山先生や実父日布上人をからめて、いつかその人間的エピソードを論じたいと考えている。

とまれ、石橋湛山については斉藤栄三郎も語られているように、理念というか、理想ともいえる信念を首にぶら下げ、その歩みをした人物であった。若い女性の「石橋湛山研究者」で、『石橋湛山論――言動と行動』(吉川弘文館)の大著を執筆した早稲田大学講師上田美和先生は、その中で湛山は、「言行一致」の思想者であったと評価している。湛山に対しての正当の評価であろう。そのことは、人間湛山の苦悩をもつつんだ姿を表現しているともいえようか。

ここで、再度斉藤栄三郎先生の「立正大学学長の功業」の話にもどって、湛山学長について貴重な一面を話しているので見てみたい。

石橋先生は為政者として完全雇用の実現、永久平和の確保に非常な努力をされたが、常に世の中の悩めるもの、苦しめる者にも同情の目を注がれた方である。それが本当の宗教心であろうと思う。

立正大学はこれからもまだ教育の発展のために力を注ぐのであろうが、その基本を成すものは石橋湛山先生の残された精神が規準となるであろうと思う。

また、湛山学長を長く補佐し、助けた久保田正文教授も、石橋学長の常におっしゃっていたことは、「人は誰れでも、世界唯一の顔をもっている。そのように誰れでも、余人をもって代置することのできない貴い本性をもっている。これを発見し、培養するのが大学である」と言っていたというのだ。

石橋湛山の側近としての立場にあった斉藤栄三郎先生や久保正文先生が湛山の人間としての行動と、その人間としての大事な感性としての感受を見たり、聞いたりしているので、人間として石橋湛山を尊敬していたことがふかく知らされる。

わたしも「石橋湛山研究」の末派につらなる一人として、湛山先生の人間的エピソードについて学んだり、教えられているが、他の湛山研究者の書いた物からも、いろいろな湛山という人物の魅力や、エピソードとしての人間像を教えられている。

「一心欲見仏」の揮毫のエピソードも、最新刊の姜克實著『石橋湛山』を読まなければ、知らなかったかも知れないし、またさらには斉藤栄三郎の湛山を慕う『自由思想』33号の文章と出会うことによって共感でき、その湛山の人間的魅力にまた一歩ひかれて行く自分を知った。

そこには、その「一心欲見仏」の揮毫には、仏の放つ大慈悲の精神と、如意甘露《にょいかんろ》の共感の涙のごとき心情が涌き出ている、仏教の平和への精随もつつまれていよう。

「一心欲見仏」の久遠の仏の甘露を拝し、感受する感性に、安らぎと慈しみ、そして思いやる平和への道が開かれているのかも知れない。仏教徒の誓願としての平和を拝しつつ。無心に仏を見ようとする慈悲光明の精神に、人間や植物、否、生物としての共存共栄の幸福がある真理《ダルマ》よ。

おおその慈悲の幸せへの平和を忘れるな。

かくして、わたしは「一心欲見仏」の法華経の仏言に、ふと仏教の開祖として、人間釈尊として真理《ダルマ》を求め歩みつづけた実在の釈尊を投影してみる。三界火宅のこの世の現実。その業苦を救済するため、全ての俗世を捨て出家し、インドを遊行し、布教し、平等の世界を説いた仏陀釈尊。

事実その頃絶対的権力というか、権威をもち支配の教理をもっていた古代バラモンの聖典『リグ・ヴェーダ』に見られるバラモンの四姓《カースト》制度を崩して行く仏教の平等思想。言い換えればインドのカースト制度を否定した、仏教の寛容と慈悲、かくて平等の言説にバラモンという僧の階級も、っすれて往く事実。仏教は争うことを好まず、人間の苦悩の救う道を説いた。法《ダルマ》を求める僧（出家者）は、身を飾ることをせず、さらには利益しての暮らしを好まず、人間としての生存する苦悩開放の教えを布教。

そこには仏（覚者）となる、人間の仏性《ぶっしょう》（悟入することへの種子《しゅじ》）は誰でも内持していると見る。そしてそこに、仏教から流露する互恵精神というか、生命あるものは共存共生する思想というか、共同体としての人間のふかい感性が生じてくるというのだ。そうした人間としての根源性の感性を仏性に凝視して、回帰できるのも仏教の特徴の思想であろうか。

人間の存在を慈しみ、思いやり、寛容し、平等と捉える大乗仏教の自己凝視、再見、反省、内省などの自己発見の燈明として省みる言葉も、「一心欲見仏」の仏典の言葉にあろう。

そうした経典『法華経』を読誦《どくじゅ》した、石橋湛山の人間観、人生観を通底しての、「我此度安穏」の世界の平和を願った、言論人としての湛山、政治人としての湛山。さらには教育人としての湛山を知らねばならないし、知らされるであろう。

「一心欲見仏」としての人間性と石橋湛山の思想的一面は、この仏典の言葉に回帰しているとも、わたしは思っている。

そしてそれが、石橋湛山の人間的歩みの感性であろう。孤独も、孤立も恐れない、自らの信じる道を往く一心の志を背負ってだ。

〈二〇一五年六月二十一日　脱稿〉

参考文献

・『石橋湛山の戦後――引き継がれゆく小日本主義』姜克實（東洋経済新報社）。
・『小日本主義・石橋湛山外交論集』増田弘編（草思社）。
・『人物叢書　石橋湛山』姜克實（日本歴史学会編集　吉川弘文館）。
・『石橋湛山写真譜』石橋湛山全集編纂委員会編（東洋経済新報社刊）。
・『昭和法華人列伝』小野文珖（国書刊行会）。
・『石橋湛山論――言論と行動』上田美和（吉川弘文館）。
・『自由思想』特集号「石橋湛山とその時代」第33号・五十九年九月（財団法人石橋湛山記念財団）。
・「斎藤栄三郎を語る――三十一年の奉職を顧りみて」（立正大学同窓会刊　昭和六十年三月）。
・月刊宗教誌「大法論」昭和四十八年七月号「ここは日本である――石橋湛山先生を支えたもの」久保田正文。
・『法華経・久遠の救い』渡辺宝陽（ＮＨＫ出版）。
・『眞訓兩讀　法華經并開結』法華經普及會編（平楽寺書店）。
・『偉大な言論人　石橋湛山』浅川保（山梨日日新聞社）。
・『湛山回想』石橋湛山（岩波文庫）。
・『日蓮のいいたかったこと』渡辺宝陽・北川前肇（講談社）。
・山梨平和ミュージアムブックレット2『石橋湛山の生涯と思想』浅川保（山梨平和ミュージアム―石橋湛山記

念館―)。
・『池上彰と学ぶ日本の総理』⑦(全三十巻　小学館)。
・『石橋湛山――自由主義政治家の軌跡』筒井清忠(中公叢書　中央公論社)。
・『湛山除名　小日本主義の運命』佐高信(岩波現代文庫)。
・『石橋湛山全集』全十五巻(東洋経済新報社)。
・『侮らず、干渉せず、平伏さず――石橋湛山の対中国外交論』増田弘(草思社)。

その他『石橋湛山――信念を背負った言説』石村柳三(高文堂出版社)。

論文では鹿野政直「急進的自由主義と石橋湛山――言論人としての出発をめぐって――」(雑誌「現代の眼」現代評論社)他数本を参照。

石橋湛山の涙

——その胸臆の悲しみ

〈一〉 日本人にみる涙の心情表出

人として自存するわたしたちは、その命ある生きざまのなかで、その人それぞれの背負う人生の涙を流したことがあるであろう。

涙にはまた、人としての喜怒哀楽の感情や心情によって、流涙する立場やちがいもあるであろう。むろん嘘泣きならぬ、仮面の涙も流す人もいるであろう。

そういういろんな立場によって、その人その人の人間精神の迷路や悲しみにおいて涙を流し、あるいは感受、共感されるものであるからだ。

このような《涙》について、山折哲雄『涙と日本人』（日本経済新聞社）によると、涙には「静謐の涙」「憤怒の涙」「無念の涙」「ロマンの涙」「離別の涙」「祈りの涙」「懺悔《ざんげ》の涙」「嗚咽の涙」という、いろいろな感情精神から真情吐露した涙があるといわれる。それらの涙のなかでも日本人の涙型について、この著者は万葉集にみられる「悲泣・志向型」と「流涙・志向型」の対照を提示する。

悲泣型は山上憶良で、流涙型は大伴旅人の流涙史だという。憶良は「貧窮問答歌」で知られる老壮思想の影響を受けた歌人。歌風は人生派に属し、社会的題材を好んだという。一方の旅人は大納言・従二位までのぼりつめた高級貴族だ。

山折哲雄は山上憶良の涙の歌として、つぎの一首を引用する。

慰むる心はなしに雲隠り
　鳴き行く鳥の音《ね》のみし泣かゆ

その主意とするところは、いろいろなことが自らの身にかさなり、心は安堵するいとまもない。あの彼方の雲に隠れて飛んでいく、鳥の鳴き声のように泣いている人生だ。大きな声をあげて泣いて居るのではなく、人目をしのんで「すすり泣く」ように泣いている感受という感覚があるというのだ。

では平安貴族である大伴旅人の歌風はどうか。

我妹子が植ゑし梅の木見るごとに
　心むせつつ涙し流る

亡妻をしのんでの歌であるという。酒の好きであった旅人は、酒を呑みながら愛する妻を思い、「酔泣《えいなき》」し大粒の涙を流したであろうと。

この二人の歌人の涙は、人目をはばかってすすり泣く憶良。誰はばかることなく涙を流し、嘆き悲しむ旅人。そのような二人のコントラストの人間的内面の涙流として、照応しみせてくれると山折氏は指摘する。

ところで、わたしがこれから語る日本言論史上に不滅の足跡を残した言論人で、経済評論家、政治家、教育者であった石橋湛山《いしばしたんざん》（一八八四～一九七三）の涙とはどういうものであったのか。ちなみに石橋湛山は昭和三十一年十二月に、第五十五代内閣総理大臣に就任し、二十七年には立正大学第十六代学長になった。

その湛山翁八十八歳の生涯にあって、湛山の流した喜怒哀楽の涙は、いかなるさけびをしたのであろうか。いやいや真情吐露の涙、誠の涙を悲しみとして流露したのであろうか。

石橋湛山の涙は、あるいは山上憶良、大伴旅人の二つの型をつつんだ万葉集的な涙であったのか。もしくは日本仏教史にみられる、鎌倉新仏教の改革者であった親鸞、道元、日蓮、一遍らの強い意志の内奥につつまれた祖師たちのような、流涙であったのでしょうか。

〈二〉 石橋湛山の背負った涙とエピソード

石橋湛山の涙は、大声をあげて泣く涙よりもぐっと口びるをかみしめ、感情をかみしめ、胸中で悲しみ怒り、泣くようなタイプだと思う。人前で流す涙よりも、胸臆にすすり泣く涙というか、自らに静謐に泣く態度といってもいいであろう。湛山の一生ともいえる精神は、明治、大正、昭和の激動期を急進的な自由主義者、個人尊重主義者、民主主義者の人間として歩んだところにある。

時代は日本帝国主義として夢みる「大日本主義」への幻影を抱き、その主体として軍部が跋扈《ばっこ》し軍国主義への風潮となってゆく。湛山はそのような大日本主義の幻想の植民地や侵略政策を叩き、ブレーキをかけ批判してゆく、「小日本主義」をかかげ、その主義者としての理念と信念を背負った人間としての涙と精神をひきずっていたのだ。

つまり国家主義、軍国主義、そこから派生する植民主義を否定することは、当時にあっては国家権力の弾圧を招くものであった。そうした世相の国家権力と闘ってきたところに、言論人湛山の人生の涙があり、ふかくイメージされ、秘められているのだ。そこにはいうまでもなく、一人の人間として、もしくは家族をもつ父としての決定《けつじょう》した信念もうかがえる。

〈三〉 そのエピソード(1)

湛山が社長をしていた東洋経済新報社は、社の方針として自由主義の思想を言説してきた。それは戦前も戦中も同じであり、それゆえに当然、軍部を中心とする国家権力に睨まれてきた。戦争中はそのため官権の圧力にあって、東洋経済は潰されるかも知れないといわれた。そして社長を辞《や》めろという申し出が権力当局からあった。しかし湛山は、理念として貫かれてきた社訓を曲げることはできないとして、いざというときは、社とともに自爆してもいいと覚悟していた。その覚悟の信念を社員に訓辞し、多くの先輩たちの創り上げてきた東洋経済の編集方針を守ろうとした。それは自由主義者としての主張をする、社の責任者としての背水の陣の悲しみの嘆きでもあり、悲痛の涙の精神でもあったのだ。

そこには、命をかけた苦渋のさけびの決断があった。

またそのとき、湛山は鎌倉新仏教の改革者であった日蓮の三大誓願「我《われ》日本の柱とならん、我日本の眼目とならん、我日本の大船とならん」(『開目抄』)の言葉を引用し、自らの心情と思念に回帰させ重ねていたのであった。ふかい石橋湛山の信念を通底する涙を、わたしは推察することができる。人前や社員にみせぬ胸臆の涙を流していたといえよう。

とまれ、つづけて湛山のもっとも悲痛でどん底におちた嘆きというか、さけびを語ってみることにしよう。

バラ色のごとく大いに喧伝し主張した、日本国家の大日本主義、ないしは大東亜共栄圏の理想も、太平洋戦争に突入し敗戦色こくなり、追い詰められ、最後は特攻隊や竹槍で戦う、精神主義までになっていた。

そのことを開戦前より予言したように見通し、戦争を批判し、早期終戦を訴えつづけた湛山は、すでに語ってあるように権力に圧迫され、湛山の東洋経済新報社も印刷する紙の配給が削られ困窮した。

さらには、一九四五(昭和二十)年二月二十五日の東京大空襲で神田の印刷工場が焼け、三月十日(土)には「今暁B29の来襲に依り芝宅全焼す。」(『石橋湛山日記』上　みすず書房)とあるように、湛山の居宅も焼けてしまった。

そのとき以前に、秋田県横手市に買っておいた小さな印刷工場を思い出し、横手に移転し東洋経済を出すことに決断した。

東洋経済の編集局の一部と工場を横手に疎開することによって東洋経済は生き残った。もちろん社長である湛山は率先して移り、その先頭に立って横手での「東洋経済」の発行に励んだ。横手には百人の社員や家族、湛山一家も移り、残りの社員は支局などに移った。

また戦地にとられていた社員も四十六人ほどいたという。昭和二十年四月末のころであったと『湛山回想』にある。

こうして湛山はじめ、社員や横手住民の協力で雑誌は何とか世に送り出された。ウラオモテ八ページの「東洋経済」であったといわれる（川越良明『横手時代の石橋湛山』無明舎出版）。

そうして一息ついたとき、今度は東洋経済倶楽部小倉京城支局長と、長男湛一に応召があり、八月四日に応召した。このとき湛一は三十一歳であった。湛一には、昭和十三年二十五歳のときにも旭川連隊に入営しており、再度の応召であったといわれる。

数年前に編まれ、出版された『石橋湛山日記』（上下二巻）の上、一九四五（昭和二十）年に「八月四日（土）本日は湛一が甲府の聯隊に応召の日。朝、歌子赤飯をたく。終日週間寸信執筆」」とある。湛山は他人にはみせない悲しい吐息をしたであろうと察する（以後この一文では『石橋湛山日記』を省略して『日記』と記すことにする）。

こうした長男湛一の再度応召もそうであったが、前年（昭和十九年）の二月一日には、それこそもっとも悲痛なできごとがあった。それは、アメリカ軍がマーシャル群島のクェゼリン、ルオット両島に上陸し、六日には日本軍守備隊六八〇〇人が全滅したという。その守備隊のなかに、湛山の次男和彦がいた。

この情報を外務省関係の人から聞いた、石橋湛山の自由主義の盟友で外交評論家の清沢洌は、良く知られている自身の昭和十九年二月五日の『暗黒日記』で「マーシャル島に敵上陸した旨発表。これは既に三日に外務省畠の人から聞いたところ。石橋和彦君がクェゼリンにいるはずで、果たして無事であるだろうか。石橋〔湛山〕君の心配同情さる。」と認めている。

外交評論家清沢洌や湛山の心配のごとく、その時の戦闘で、海軍主計中尉の次男和彦は戦死した。二十六歳の若さであった。父である湛山の悲しみはいかばかりであったろう。大声をあげて泣きたかったであろう。でも湛山はぐっと心でかみしめ、その心中で号泣していたであろう。

その悲しみは、直接戦争を知らないわたしどもには、生生しいリアルなものとして捉えられないふかいものがあるであろう。しかしその父として、親としての湛山の悲痛のさけびの心情は、わたしなりに共感でき涙するものがある。

一九四五年一月十八日（木）の『日記』上に「本日横須賀にて海軍合同葬有り。次男〔和彦〕も共に祭られたる筈なれど、遺族は参列せず」。つづく一月二十二日（月）の同じ『日記』には「本日上野寛永寺にて和彦霊位の引渡し有り。妻〔むめ。うめ、梅、梅子とも記載されている〕と共に定刻八時に参列。十一時頃終り自動車にて芝宅に帰還。町内の者の出迎を受く」と。

次男和彦の葬儀は、その翌日芝の自宅で営まれた。戦死した和彦にとっては、東京の自宅が東京大空襲で焼失する前であったので、自宅に霊位として帰って葬儀できたことは、悲しいことではあったが一つの救いであったかも知れない。

戦死の公報を親として知らされたとき、湛山は苦衷と悲痛のどん底におとされ、背負わされた。その心境ははかり知れない悲しさであったろう。

就中《なかんずく》湛山は、自由主義者、民主主義者の言論人として、戦争を批判し、東条内閣を批判し、軍部を批判し、治安維持法による人権の圧迫を批判し、大日本主義の幻想を言説し、小日本主義を主張してきた。そのような湛山だけに、その苦衷、悲痛は、嗚咽のさけびのようにコイルされ、その涙を流していたといっていい。

愛児の戦死を知った湛山は、戦後になって書かれた『湛山全集』十三巻にある「私の公職追放に対する見解」において、「私はかねてから自由主義者であるが為に軍部及び其の一味から迫害を受け、東洋経済新報も常に風前の灯の如き危険にさらされている。併しその私が今や一人の愛児を軍隊に捧げて殺した。私は自由主義者であるが、国家に対する反逆者ではないからである。」と、心情を告白。

さらにつづけていうのだ。

「私も、私の死んだ子供も、戦争には反対であった。しかしそうだからといって、もし私にして子供を軍隊にさし出すことを拒んだら、恐らく子供も私も刑罰に処せられ、殺されたであろう。諸君はそこまで私が頑張らなければ、私を戦争支持者と見なされるであろうか。」と、その苦衷を表白している。

ここには、悲しみの断崖に置かれた一人の父としての思念の吐露が、涙として落ちているといってもいいであろう。ふかいふかい嘆きの涙となって――。わたしもこの石橋湛山の心情を推察し、すでに述べたように、わたし自身の心中に涙を感じていた。

「私は自由主義者であるが、国家に対する反逆者ではない」とさけんだ湛山の悲痛の胸臆にだ。

〈四〉 そのエピソード(2)

戦争を批判し、早期終戦を願っていた湛山の平和主義者としての涙。言い換えれば「祈りの涙」を感受することができよう。「信念の涙」「静謐の涙」「嗚咽の涙」「悲痛の涙」、まして「平和への涙」を流さなければならず、その人間としての自存の現実に、秘めて流涙していた石橋湛山という言論人の姿は、夕映の光景のように切ないものがある。

湛山はまた自らの『石橋湛山全集』(全十五巻)のなかで「思想は人間の活動の根本であり、動力である」とも語り、まして若いときに文芸評論を執筆して活躍し、当時の読売新聞に載った情熱の歌人与謝野晶子の長詩「君死にたまふこと勿れ」を批評し、戦争の悲しみを嘆く作品を高く評価した。そうしたことからも、今次大戦の悲劇を「人類にとって最大の罪悪は戦争だ」、あるいは「戦争は愚」なことだと痛烈に断罪している。

そのような湛山であればこそ、自由主義者であるが、国に対する反逆者ではないし、まして「私を戦争支持者と見なされるであろうか」と言い放った湛山の愛児の死を、もう一度かみしめて欲しい。石橋湛山の平和を祈り、民族を互いに理解し、共存せよの思想と理念を持った言論人に、その人間性としての精神と、その父としての魂の涙をわたしはそこに見て、そこに知る。

愛児和彦を戦争で死なせた湛山は、その悲しみの眼、くやしさの眼を、腰折一首の歌として詠み、認めたという。

その歌とはどういうものであったか。

此の戦如何に終るも汝が死をば
　　父が代りて国の為め生かさん

というものであった。しかしこの一首を書き留めた帳面は、無念にも昭和二十年二月二十五日の東京大空襲のとき芝の自宅とともに焼けてしまった。

そのことを一九四六（昭和二十一）年一月一日の『日記』上で思い出し認めている。その理由《わけ》は「天気晴朗、善い元旦なり、終日在宅。

昨年九月及び十月福島県北会津郡神指村の鈴木旦本氏、如何なる人か知らねども、仝氏一人息子美保氏陸軍大尉にて戦死せしめたる所（昭和十九年十一月比島海上にて三十三歳との事）、仝美保氏は生前予の著書をも読み、平常予を敬慕致し居りたるにつき、追善の為の揮毫せよと依頼し来れり。併し爾来心の落ちつく折なく、その内にと返事したるのみにて過したるが、今朝漸く筆及び絵具を取出し、梅樹を送り来たる色紙大用紙に認め、書面を添えて郵送す。

右書面中に和彦戦死の際予の詠みたる腰折一首を認む。時を経たれば（而して書き留め置きたる帳面は昨年三月芝にて焼失したれば）記憶明かならざれど、多分次の如かりしと思ひて認む。」として、前記した「此の戦如何に終るも汝が死をば父が代りて国の為め生かさん」と記《しる》したとしているのだ。

そこには世間にある父親、もしくはあるがままの父親、そして自由主義者の思想者として歩んできた、湛山の人間としての認識が知られよう。

戦う石橋湛山の、実践者としての真の姿を鑑みることができる。そうしてそれは、涙をつつんで心情を表白した湛山の絶唱の歌だともいえよう。

かような意志の強い信念から、終戦を告げる天皇の玉音放送が終わった後に、湛山の名演説として知られる「更生日本の針路」の講演がなされたのであった。

そのことを『日記』上の八月十五日（水）で「本日正午、天皇の玉音に依って、停戦発表。午後三時より予ての招待に依り、横手経済倶楽部の有志を支局に集め、新時態につき講演す。

◎講演　更生日本の針路

——横手経済倶楽部有志」

さてその終戦より二ヶ月ほど前の六月十八日（月）の湛山の『日記』に、午前中秋田市に用事で赴く。知事に面会し、夕方横手に帰るため汽車に乗る。その「車中実感」として、つぎのような歌をつくっているのだ。

一日の労働に馬は誇らしく
　　　　立髪高く野路帰り行く

兵馬としてではなく、農家の労働の馬であるのだろう。農民のための労馬にほほえましい、眼差《まなざし》をみせている。

穏やかな平和を願い、現実としての竹槍戦争の無意味さを批判する言説とは異る、ほのぼのとした一面のユーモアがある。そこには野山や畑でのびのび働く、平和時の馬をうかべていたかも知れない。戦死した和彦の事や、多くの戦死した若者のことを野路の帰りの馬にかさねていたかも知れない。湛山のひとときの「やすらぎの涙」を思いうかべる。

また同じ年の六月二十日（水）の『日記』には、上京した湛山が当分鎌倉の家に在って、東京の東洋経済の本社に顔を出したりしていた。その鎌倉では、吉川英治の『太閤記』を読んだりして休養をしていた。

七月三日（火）の『日記』には、鎌倉から出京した湛山は、本社に出社。午後、上野駅から横手に向かう。横手には友人宅に一泊し、二日かかって到着。その「汽車中より下痢を催す」ながらも、汽車中で三首の歌を詠む。

車中実感（四日）

雨はれて萌黄の山のあちこちに
　白きは栗の花さかりなり
夕立を突切り汽車はばく進す
　あたりの山はけむりて見えず
夕立は襲い来るらし汽車の中
　あたりの山はけむりかくりて

汽車の中で感受し、思念する湛山の心境の感覚がそれなりに伝えている。明と暗のかすかな心を放散しつつ。

白い栗の花に明日をみるような眼と心。もう一つはばく進する汽車の車窓からみる、あたりの山は夕立のけむりにつつまれて見えない。

そうした車窓に映り、あっという間に去ってゆくけむる山々の風景は、戦争の悲しみや、いつも消えうせぬ愛児和彦の死を思い浮かばせたかも知れない。

東北の田園や山々のあるがままの風景は、けむる靄《もや》にどっしりとひそかな顔をみせていたかも知れない。

眼に映る風景は、思念し認識を抱く人びとには、忘れられない慰謝にもなるものだ。愛児の戦死の悲しみも、車窓からみるけむる山々の風景にいっしゅん甦っていたのかも知れない。

父としての静謐の涙となって、いな心情を溶かしつつ――。けれど愛する子供の死は、親として一生忘れられない悲しみであり、その涙が秘められているものだ。それを忘れてはならないであろう。

ところで余談になるが、わたしは今まで《石橋湛山の墓》を七回ほど訪れている。その訪れる度に、墓の横にある《墓誌》に刻まれた次男和彦の文字を眼にして来た。

信念を背負った「自由主義者」「民主主義者」「平和主義者」の言説者としての声を、その《墓》に聴きながらだ。そしてそこに、人間としての湛山の悲しみを共感しながらだ。

〈五〉 理不尽な公職追放の頃の湛山の涙

八月十五日の終戦を迎えた石橋湛山は、更生日本の針路と、日本経済復興の願いを抱き、戦後政界に入り活躍する。なかんずく吉田内閣の大蔵大臣に就任し、経済通としての知識と、その政策をもって日本の復興をめざした。

ところが湛山が願ったエネルギーの政策問題が、実質日本を支配したマッカーサーのＧＨＱの考えと衝突し、そのためＧＨＱから睨まれ、理不尽にも公職追放されるに至った。つまりＧＨＱの占領政策に抵抗したために、公職追放の指令をうけ、大蔵大臣を辞任。全くの不当追放であった。このとき湛山六十三歳。一九四七（昭和二十二）年五月であった。

湛山の公職追放はこれから四年間つづいた。この間、湛山はＧＨＱに不当追放の抗議をしながら、隠居生活を強いられた。湛山はこのＧＨＱのやり方に憤慨し、不当追放の涙を流したのであった。

しかし湛山は、やはり湛山であった。言論人魂の持ち主であった。この不当追放に遭っても、自由主義者の精神として、神田に「自由思想協会」を結成し、政治、経済の理論研究に励んだ。そうした湛山の行動に対して、ＧＨＱは執拗に監視をつづけたといわれる（『湛山回想』）。

そうした隠居というか、自由思想研究会のため、神田の事務所を訪れたある日、ふらりと古本屋街に足をむけ、一軒の古本屋に入った。その古本屋で、偶然にも早稲田での恩師であり、いろいろ面倒をみてもらい、とくに言論界《ジャーナリズム》の道にみちびいてもらった島村抱月先生の著書とめぐり合った。湛山はその論文集の著書を手にとり、巻頭の写真をながめ、なつかしんだという。そしてその論文集を求め入手した。

その抱月先生との場面は、『湛山回想』につぎのように語られている。

「島村先生のことは、書けば、まだ、たくさん在る。芸術座を起したいきさつなどは、ことに大いに記すべきものがあると思うが、しかし、それには私よりも、もっと適当の人があろう。

先生は、この芸術座を起して、家庭をも捨て、早稲田大学とも絶縁し、新劇運動に全身を打ち込まれたが、大正七年十一月、当時全国に猛威をふるったスペインかぜに冒されて急に死去された。さみしい最後であった。先日古本屋の店頭で、はからずも先生の論文集を発見し、求めて来たが、その巻頭の写真をながめ、うたた感慨にふけった次第である。」

湛山は抱月先生をなつかしみ、若いころの自分を思い出し、早稲田の学生のころが浮かんできたことであろう。

なかでも師抱月には、東京毎日新聞の記者の仕事を世話してもらい、さらに若き文芸評論家として、『早稲田文学』、『読売新聞』、『文章世界』等にも執筆しデビューした。これらの文芸の末派として活躍できたのも、島村抱月先生の力があったからかも知れない。

さらに付言すれば、抱月が師である坪内逍遥の「文芸協会」を離れ、松井須磨子らと芸術座をつくり、新劇運動をした。須磨子と抱月は恋におち話題となった。

若き湛山は、抱月の起した芸術座のために稽古する場所を捜すなどして手伝った。そうしたことなども、論文集の巻頭写真などをみて思い出し、感無量の気持になり熱いものを感じたであろう。

その他にも、湛山は、自由主義の盟友であった清沢洌の死や、ふかい影響をうけた恩師田中王堂先生の死、東京毎日新聞時代の畏友小山東助の若い死にも静謐の涙をおとしていたと思う。

わたしも『湛山回想』やその他の文章（『湛山全集』）を読み、人間性を大事にされた湛山らしい心情を呼応し、感応してみるのだ。

心情呼応の涙のなかにだ。

もう一つ湛山の公職追放について加言すれば、占領国ＧＨＱの絶対的権力に、自らの不当追放の理由を、あのマッカーサー宛に執筆し、背骨の「便駁書《べんばくしょ》」として発表した。その気骨と信念の精神と言うか、憤怒の涙も忘れてはならない。

ついでにもう一つ言っておきたい。石橋湛山の當身《とうしん》の大事の認識として。言説者の思念の言葉としてだ。

それは終戦の三日後に記した、昭和二十年八月十八日（土）の『日記』にある、

「今朝床中早く醒む。

（略）
◎考えて見るに、予は或意味に於て、日本の真の発展の為に、米英等と共に日本内部の逆悪と戦ってゐたのであった。今回の敗戦が何等予に悲みをもたらさゞる所以である。」
と覚めた認識で書いている心境も、湛山のふかい悲しみの涙であり、冷静さの涙であったといえる。

一九五四（昭和二十九）年一月二十九日（金）の『日記』において、湛山はさらに自らの心を告げている。

「十一時すぎ経済倶楽部。昼食後立正大学に赴き日本仏教研究会講演に出席。

夕刻経済倶楽部。簡単なる夕食後帝劇にて第二次世界大戦映画試写会見物。

戦争の惨憺たる光景に慄然たり、世界の平和を念願せざるべからず。」と。

戦争を厳しく批判し、平和を願う政治家、教育家、言論家としての祈りの心情とともに、人類の平和へ通ずる思念と言うか、理念の涙をも感じさせてくれる。

最後に、石橋湛山が人前にあって、それも国会にあって現実の涙をいっしゅん流したことがあった。

「湛山の落涙」のエピソードとしてそれを語っておこう。

湛山が戦後、議席の無い民間人から吉田内閣の大蔵大臣として入閣し、敗戦にともなう混乱のなかで、日本経済の復興という緊急課題に真正面から取り組んだ。そのためいろいろと占領軍総司令部GHQと対立しなければならなかった。

しかしそのため逆にGHQにマークされた。一九四六（昭和二十一）年九月二十八日、国会の予算委員会室に「戦時補償打ち切り問題」のことでその立法経過を報告した。

そのときの状況を『石橋湛山日記』の〔解説〕を担当した、湛山研究や日本外交史の第一人者と知られる東洋英和女学院大学教授の増田弘は、この〔解説〕で「敗戦国民の悲哀を思い知らされた石橋は、九月二八日、予算委員会室にて懇談会を催し、全議員に立法経過を報告した際に思わず落涙し、野党議員からも同情を集めた。」と述べている。

湛山の思わず「落涙」した、人前での涙の場面であった。

事実、そのことは湛山も九月二十八日（土）の『日記』で書いている。

「九時より臨時閣議、財産税法等。終りて登省、主税及び主計局長等より提出法案につき報告聴取。

正午登院。午後一時半より衆議院本会議。補償関係六法上提、首相及び膳国務相の説明後直ちに散会、予算委員室にて懇談会を催し全議員に対し、予及び膳国務相より立法経過につき報告を行ふ。報告終末に当り感極りて落涙。偶然なりしも聴者を感動せしむ。」

国会議員の前で流した涙も、石橋湛山の真実の涙であり、人間としての政治家のリアルな涙であった。信念を背負った真《まこと》の落涙であったといえようか。

さて、こうした石橋湛山の胸臆のいろいろな感情の涙は、湛山の背負った人としての理念や思念に通底する、自由主義者としての歩みにあったであろう。そしてその言説の主張やさけびにあったであろうと思う。

すなわち人間湛山の声として、精神としての生涯の涙ともいえる。むろんわれわれ民衆の感情につらなる涙でもあったろう。

そうした意味というか、立場から、湛山にみられる涙は、この拙文の冒頭に述べた万葉集にいうところの、山上憶良や大伴旅人の類型的涙ではなく、それらを相互につつんだ人間としての涙であった。それをもう少し具体的に語れば、人前ではあまり現実としての涙を落さぬ、胸中で泣いていた涙での類型に入るといってもいい。

明治人らしい、男としての《流涙》であったともいえようか。否、そうであったといえよう。

もし、それでも強いてあげるならば、鎌倉新仏教の改革者であった日蓮の心情に似た涙であろうと思う。

鳥と虫とは鳴けども涙おちず、日蓮はなかねども涙ひまなし。（『諸法實相鈔』）

日蓮の涙観として知れる『諸法實相鈔』は、湛山も生涯大切にされた『日蓮遺文集』で読んでいると思う。その日蓮の「涙観」に通底する心情が共感される。

日蓮の歩んだ「心の自由」と、「信念」の大切さを背負った姿勢と涙にだ。日蓮はその著書や書簡（手紙）のなかで、信徒のために静謐の涙や情熱の涙、祈りの涙を胸臆に落としている。仏者の使いとしての慈悲の涙と、生きるための現実の涙の大事さを。

日蓮の『開目抄』を愛し、三大誓願の心情の影響を少なからず受けた湛山は、その日蓮の系譜である日蓮宗の高僧の息子として生まれたのであるから、当然そうした宗教的精神は受けつがれているといえよう。

鳥や虫は鳴けども涙おちず、日蓮泣かねども涙ひまなしの言葉のごとく、石橋湛山の涙も、日蓮の一生に似たさけびの精神に回帰するものがある。

責務と行動の精神の涙としてである。その人間としての、ふかい心情の涙としてだ。

わたしたちが、人間として流す涙には、人それぞれの感情の理由と心情があるものだ。

そうした人たちの涙を認識し、理解し、省みることも、人間の流す魂の涙のありようとして留意し、留眼しなければならない。

胸臆の感情の捉え方と、そこに推察される人間の生き様のさけびとしてである。

そうしたことからわたしは、「石橋湛山の涙」の拙い一文を書いてみたかったのだ。

〈二〇〇五年七月二十八日　脱稿〉

主要参考文献及び追記

・『石橋湛山全集』全十五巻（東洋経済新報社）。
・『湛山回想』（岩波書店）。
・『石橋湛山日記』（上下） 石橋湛一・佐藤隆編（みすず書房 二〇〇一年三月二十二日発行）。
・『横手時代の石橋湛山』川越良明著（無明舎出版 二〇〇三年六月十二日発行）。
・『石橋湛山――信念を背負った言説』石村柳三著（高文堂出版社 二〇〇四年十二月七日発行）。
・『石橋湛山の戦後』姜克實著（東洋経済新報社 二〇〇三年十一月六日発行）。
・『石橋湛山占領政策への抵抗』増田弘著（草思社 一九八八年一月二十八日発行）。
・『涙と日本人』山折哲雄著（日本経済新聞社 二〇〇四年八月十七日発行）。
・『昭和史』半藤一利著（平凡社 二〇〇四年二月十日発行）。

＊『石橋湛山日記』上下（みすず書房）は、この日記が出版されてまもなく、東京雑司が谷、本納寺住職桐谷征一先生から進呈されました。今回、この『石橋湛山日記』を読むことによって、何とか「石橋湛山の涙」の一文を書くことがでさた。ふかく感謝したいと思います（石村）。

石橋湛山の絺章絵句に関する小考

立正大学開校一四〇周年記念特別展――「石橋湛山と立正大学」を参観して

〈一〉

かたつむり動かぬようで早く行く　角印（湛山）

右の引用は石橋湛山先生のめずらしい句で、『「立正学報」第二巻第二号〔一九五七（昭和三十二）年五月二十五日〕の表紙に寄せた絺絵と句』の解説がある。絺絵と句とは、別の言い方をすれば「絺《ち》章《しよう》絵《かい》句《く》」ともいう。つまり、章句をかざりつくろうこと（『大言海』普及版　上田万年他共編　講談社）。

石橋湛山〔一八八四（明治十七）年〜一九七三（昭和四十八）年〕は、日本の近現代史の世相や動きのなかで、一人の生きる人間として不滅の足跡を残した人物。

その不滅の足跡とは、明治・大正・昭和を流れる時代精神の河に、人間としての生きる生存権や個人の自由や、その言論の主張、もっとふかく言えば民主主義、平和主義者の言論人《ジャーナリスト》、経済評論家《エコノミスト》として生命を賭して活躍した。また戦後は政界に転身して、初の民間人として吉田内閣の大蔵大臣、国会議員として鳩山内閣の通産大臣となる。その後、昭和三十一年十二月自由民主党総裁選で岸信介を破り、第五十五代内閣総理大臣に就任。だが病のため二ヶ月で総理大臣を辞任。悲劇の宰相ともいわれた。

「石橋内閣」がもう少し続いていたら、日本の進路も変わっていたかも知れないと、今でもいわれることがある。それだけ国民から期待された内閣であった。

そうしたなかでも、特筆して忘れてはならないのは言論人、経済評論家として、東洋経済新報社の記者ないし経営者（社長）として、「徹底的智見」と「徹底的自由主義」を柱として、戦後に通底する民主主義、平和主義の人物として、戦前戦中の強大な力を持っていた帝国主義国家や、軍部の横行に鋭い批判の言論を放っていたことだ。

あの悪魔のごとき、悪名で知られる「治安維持法」にも戦争が終わるまで反対しつづけた。むろんいうまでもなく大日本帝国主義の植民地政策を侵略戦争だと断じ、強く主張した。

そうしたなかでも、特に「大日本主義の幻想」を説き、日本のあるべき姿として「小日本主義」を描きながら、そのメリットを語った。いわゆる「大日本主義」は植民地への侵略であり、国家や民族の対立となりデメリットになるだけだと叫んだ。「小日本主義」は説明するまでもなく自由主義、民主主義思想を伴なった貿易（自由貿易で主に加工貿易）に成り立つ、互いの生存を目標にした言説ともいえよう。

石橋湛山は、この言論人、経済人、政治人という自身の生き方に生死をささげ、その一生を閉じた実践の人物でリアリズムの思想者でもあったと私は思っている。まさしく湛山の生き方は、リアリズムと理念をぶらさげ歩いた時代の人であり、激動の業火の人であったのだ。その激動の時代の生活者で、批判者で智見者と呼んでもいい。

かような言論人であった湛山先生の言説や行動の言葉は、湛山の生涯を命終する昭和四十八年の前年に終了した『石橋湛山全集』全十五巻（東洋経済新報社）や『石橋湛山日記』（上下）石橋湛一・伊藤隆編（みすず書房　二〇〇一年三月二十二日発行）などの刊行によって、具体的で真味な姿が浮かびあがらされ世の識者の眼を改めて開目し、日本近現代史を塗り変えさせることになる。

とまれ、それだけ石橋湛山という人間の存在が重要で、日本の歴史の偉大な言論人思想者となった。私もこの石橋湛山という人物については、学生時代から少しは名前を知っており、戦後の私大出身の総理大臣で、戦前の「金解禁問題」でも首尾一貫した論説で高い評価があった。経済方面ではさらに日本のケインズと呼ばれ、そのケインズ経済学の第一人者でもあった。それに若い頃マルクスの『資本論』も勉強したといわれる。

いずれにせよ、戦前戦中戦後の自由主義言論人として、「言論自由の表現」の人間として、「基本的人権」「生存権」を根源にした言論人。仏教徒で日蓮宗の宗門に生まれた末派のひとりであった。もちろん仏教徒だけに囚われない哲学と教養を背負っていた人物でもある。

それから湛山の父は杉田日布《にっぷ》師という高僧で、後に日蓮宗管長や身延山久遠寺八十一世法主、立正大学学長にもなった。自伝評伝として有名な『湛山回想』（『石橋湛山全集』全十五巻の巻末の『湛山回想』及び岩波文庫の『湛山回想』）によれば、厳格な父の下を離れ、温厚で盟友であった望月日謙師に預けられた十歳の湛山は、山梨県鏡中条村（現南《みなみ》アルプス市鏡中条）の長遠寺《じょうおんじ》で、一般の弟子のように修行し仏飯を食《は》んだ。朝早く起き掃除や勤行《ごんぎょう》し、食事の用意や便所掃除、礼儀作法、お経も習ったといわれる。

そうした日謙師の下で育てられたおかげで、後年になって自分の身の回りや生活は、そう苦にはならなかったと回想している。そうして人の傷の痛みも理解できたようだ。父日布上人はまた、子供であった湛山に対しては「正しい人になれ」とは語ったが、「坊主になれ」とは一言とも発しなかったという（『湛山回想』）。

今、そういう湛山少年のことを想起しながら、私が立正大学の羽田学寮に居たとき、玄関を入った上に大きな石橋湛山学長の額入りの写真が飾られており、その慈顔のやさしさを時どき拝していた。白黒の湛山学長の「額写真」は、その後羽田学寮は閉鎖されどうなったのか。当時寮に入っていた学生が持って行ったのか。私の眼にはなつかしい湛山学長の写真が出てくることもある。

ちょっとここでつけ加えておきたいことは、石橋湛山は戦後の混乱期がまだつづく昭和二十七年、立正大学十六代学長として推され就任。教育者として戦争で焼けた立正大学復興のため努力した。昭和四十二年十六年間の学長を退き名誉学長となる。湛山が学長を引き受けたのは、父日布も、育ての親日謙師も立正大学の学長としての任にあったことによるという。その師弟の因縁によって断わりきれなかったといわれている。

そういう事情から政界の実力者ともなり、言論界や経済界で著名であった湛山が教育者として誕生したことになる。旧制中学の頃、クラーク博士の弟子であった大島正健校長の影響を受け、自由主義的校風や個の大切さを学んだ。早稲田大学哲学科に学んでからも、田中王堂先生や、島村抱月先生らの教えを身につけ、リアリズムを凝視したプラグマティズム（実用主義）を大事にした。自ら考え行動する思想を重しとみて実践した石橋湛山は、立正大学の教育や旧い考え方を批判し、新しいレールを敷き立正大学の安定と充実の復興に力を尽くした。その結果今日の八学部や八大学院、九研究所、心理研修センターを整えた『立正大学中興の祖』の土台を築いたのであった。

学長に就任した初期の頃は、自らも経済学部で原書を用いて講義をしたともいう。大学の研究会にもよく出席していたと語られている。多忙の中での湛山先生の歩みの姿が浮かぶ。

石橋湛山という人間は、このように言論人であり、経済人であり、政治人であり、教育人であるという智見者の行動を内在して生きた雨新者《うしんじゃ》のごとき人物であった。湛山は自らの生き様の思想人として、一人の自存者として時代を真摯に見つめ、問うた人間でもあった。

就中《なかんずく》、第五十五代内閣総理大臣に就任しながら、二ケ月で内閣総辞職をし、聖路加《せいるか》国際病院に入院した。無念であったろうと思う。この内閣が総辞職するとき湛山のもっとも信頼した参謀石田博英に対して、湛山は声をかけた。「君、何事も運命だよ」と淡々《たんたん》と話したというのだ。そうして残された名言として知られる「私の良心に従う」という、首相自身の心情の決意も政治家の信念と責務のあり方を示していると思う。

権力者は、「権力」に綿々としてはならないの、責任の実行者でもあった。

石橋湛山は悲劇の宰相ともいわれるが、しかし政治家としては重要な仕事も残している。

たとえを挙げて申し上げれば、首相を退めて約二年、一九五九（昭和三十四）年九月、七十五歳の老心にムチ打ちまた病身でありながら、石橋内閣の公約であり主張であった、「中国との国交樹立」の地ならしのため、国交のない中華人民共和国を訪問。毛沢東や周恩来と会談し、石橋・周共同声明を発表。一九六〇（昭和三十五）年六月、新安保条約の強行採決に反対して岸信介総理に面談。

一九六一（昭和三十六）年六月「日中米ソ平和同盟」構想を発表。先を見据えた世界平和主義への提唱であった。当時は夢物語として一笑にふされたこともあった。それから二年後の一九六三（昭和三十八）年九月「日本工業展覧会」総裁として中国を再訪問。翌年政界を引退。一九六四（昭和三十九）年、念願のソ連訪問が実現。八十歳であった。

一九六七（昭和四十二）年立正大学学長として十六年間の責務を果たし辞任。名誉学長となる。一九七三（昭和四十八）年四月二十五日その八十八年の生涯を自宅で閉じる。

これらの生涯の流れで、昭和三十四年の国交のない中国を訪れ、毛沢東や周恩来と会談したときの湛山は、まだ病身であり命がけの旅でもあったとされる。それらの下地のレールによって、田中内閣の「日中国交樹立」があったことを忘れてはならない。石橋湛山や石橋派のリベラリスト宇都宮徳馬氏などの努力を、われわれは忘れてはならない。

日本の近現代史、なかでも民主主義や自由主義のさけばれた大正デモクラシーの研究では、石橋湛山の思想が高く評価され、日本の歴史が訂正されてもいる。

石橋湛山研究の先駆者であった東京外国語大学名誉教授の長幸男先生、京都大学名誉教授松尾尊兊先生、作家の小島直記、東洋英和女学院教授の増田弘先生、岡山大学教授である姜克實先生。評論家の佐高信氏、作家半藤一利氏。

地方にあって湛山研究をしている横手市の川越良明氏、甲府市の浅川保氏、政治評論家の田中秀征氏、作家の井出孫六氏、詩人石村柳三も湛山研究の末派につらなり拙い論を発表している。そこには、経済、外交、言論、宗教、文芸、評論コラム、婦人問題、道徳問題、哲学、人生観、福祉、普通選挙その他などについても論じられている。さらには、医学の方面の日野原重明先生からも石橋湛山の人間的魅力について論じられている。

石橋湛山に関する研究も多彩であり、多くの研究者に興味をもたれている。日本の近現代史において強くクローズアップされているのだ。


〈二〉

一応ここまで石橋湛山の来歴というか、人物について簡単に論じてきたが、湛山という人間像は捉え方によっては、途轍もないスケールの大きな山脈であるともいえる。

そんな湛山の人格の一つを形成する教育者として関わった立正大学では、二〇一二（平成二十四）年、記念すべき行事が催されていた。それは立正大学を復興させた、学長としての湛山にも関連し、この一文のメインテーマにもなる。

では、その立正大学に継承され回帰される、節目節目の行事《イベント》のことをここで取り上げてみたい。

二〇一二（平成二十四）年、立正大学は山崎和海学長の下で開校一四〇周年を迎えた。すなわち一八七二（明治五）年の開校から一四〇年の歴史の節目で、時代の変革や要請とともに拡充してきたキャンパスや教育や研究の中で、建学の精神「真実・正義・和平」の立正精神が受け継がれてきた。その学風の精神を心耳に多くの卒業生を輩出してきた。

「真実・正義・和平」の建学精神は、石橋湛山学長のとき、現代風の建学精神に相逢《そうふ》しての言葉であったとされる。

鎌倉新仏教の改革僧日蓮の著書『立正安国論』を、現代的にアレンジした建学精神ともいわれている。

それらの校風というか、学風の精神を大切にして平成二十四年立正大学一四〇周年記念が開催されたのだ。その幾つかの企画を練って行事とした。

例を挙げて具体的に見れば、◆式典として国際シンポジウム「いま、日本を考える」（十月十三日）。「一四〇周年記念慶讃法要」（十月十三日）が、石橋湛山記念講堂で行われた。◆講座・講演会は「挑戦し続ける想い～14座の軌跡を語る～」、14座完全登頂記念竹内洋岳《ひろたか》氏公開講座（十一月十日・大崎校舎、十一月二十四日・熊谷校舎）。◆企画展「第16代学長　石橋湛山展」（十月一日～十月三十一日）。◆学会発表としては「第七回　国際法華経学会」。本学では一九六七年以来、二度目の開催。石橋湛山記念講堂（十月十五日、十六日）。他に「富士学会」（十一月十日）、「国際異文化学会」（十一月十日）。

さらに◆学生イベント・スポーツ関係では「児童文化研究部創部一〇〇周年記念」の祝賀展として立正中学・高等学校の学生食堂にて（十月十三日）。◆コンサートでは、「飯高檀林《いいだかだんりん》コンサート（開催協賛）」（十月七日）。飯高檀林とは千葉県八日市場市（現匝瑳市）にある檀林（大学林）で、僧侶の学問所の寺院のこと。この飯高檀林が立正大学の発祥の地といわれている。四〇〇年以上の歴史を持つ僧侶の学問養成所であった学校。

以上のごとき企画行事が今回の立正大学一四〇周年のイベントとして開催された。これらの催しにあって私に興味と関心を抱かせたのは、◆式典としての「国際シンポジウム」と◆企画展であった「第16代学長　石橋湛山展」であった。

「国際シンポジウム」は十月十三日午後から、ハーバード大学ライシャワー日本研究所のヘレン・ハーデーカー教授やライデン大学の中東・アジア地域研究所のイフォ・スミッツ教授による基調講演があった。つづいて立正大学仏教学部教授である北川前肇先生の司会で、パネルディスカッション「未来への智見～人・文化・宗教・生き方」が行われた。

石橋湛山記念講堂は最新の設備をそろえた講堂で、イヤホンを耳にしながら同時通訳を聞き、よく理解でき楽しかった企画でもあった。

いうまでもなく、私にとってメインでもあった立正大学開校一四〇周年記念特別展「石橋湛山と立正大学」（主催：学校法人立正大学学園、共催：財団法人石橋湛山記念財団）には、昼前に着き妻と二人で、学生食堂で昼食とコーヒーを飲みゆっくりした。昼食に注文したカツカレーは安くて美味かった。妻と一緒に五反田の立正大学に来たのは、私が母校の一四〇周年記念が到来する平成二十四年の一月草々、心臓のバイパスに異状があり、手術しないと命が助からないといわれ、千葉市の専門病院に入院し、その三月に退院したことにもある。その他にも約二十年ほど前から人工透析を受けて生命を維持しており、体調も良くなかったことから、一人では無理であったこともある。

ゆっくりしか歩けない私にとっては、千葉市と五反田の距離や交通網の乗り換えが心配であったからだ。そのような事情から妻の手助けが必要であった。

もう一つ私がどうしても、「石橋湛山展」の企画を見学したかった理由は、私も若い頃から文学や近現代史に登場する歴史的人物の足跡や人生に関心を持ち、歴史の引きずっている世相に眼を向けていたからであった。

そうした人間好きへの興味が「大正デモクラシー」へと進み、石橋湛山という人間へと好奇心が開かれたことにある。

それがまた、この人間が日蓮宗という宗門の出で、私の学んだ立正大学の当時の学長であったことも興味を示す事柄であったのかも知れない。

『石橋湛山全集』が刊行され完結した昭和四十七年であったか、四十八年であったか。私は池上に住んでいたので、蒲田の大きな書店で『石橋湛山全集』全十五巻を入手し、そこから、この『湛山全集』をひもどいて行った。とくに、石橋湛山という名前に惹かれて行ったのは、一つは『人生劇場』で有名な小説家尾崎士郎の自叙伝でもあった『青春記』(創思社)を古本屋で手に入れ、読んだことにもあろう。そこには「大正六年の早稲田騒動」のことが記されており、まだ若き三十歳頃の石橋湛山が出てくるのだ。高田派対天野派の前学長、現学長の対立が勃発し、湛山は当時の東洋経済新報社の二階で天野派の指導者として書かれているのだ。後年作家として立った尾崎士郎はまだ早稲田の学生で、湛山の東洋経済に天野派の支持者の一人として出入りしていたといわれる。尾崎のこうした青春記が私をおどろかし、湛山という人物に一層ひかれた。私は『石橋湛山全集』全十五巻を入手して、その『全集』十五巻に収録されている『湛山回想』補遺「大正六年の早稲田騒動」を読んだのであった。

かようなことから、私は『石橋湛山全集』を拝しながら、石橋湛山研究に目覚め少しずつ湛山に関係する文章を執筆するようになっていた。言論人としての石橋湛山や、徹底的自由主義としての「言論の自由」を放った民主主義者。旧道徳や思想への厳しい批判などを、『石橋湛山全集』から知らされ「大日本主義の幻想」や「小日本主義」の必要性を学んだ。同時に明治・大正・昭和の時代精神の流れも感得され、湛山の人間的言説を掘り起こしたりした。やがて、一書を出せるような「石橋湛山研究」の発表の文章を一本に収録し、高文堂出版社から『石橋湛山――信念を背負った言説』の書名で、知人の教授の紹介で出版した。平成十六年十二月七日発行として。

こうした「石橋湛山研究」から、私はどうしても立正大学一四〇周年記念の企画「石橋湛山展」を見たかったのである。だから妻と二人で立正大学を訪れたのであった。

昼食を済ませた妻と私は、学生たちの笑う声を聴きながら、石橋湛山記念講堂に向かった。地下にある記念講堂への階段を降りたやや広い踊り場が、「石橋湛山展――石橋湛山と立正大学」のブースであった。

すでに記したと思うが、この十月十三日（土）は「国際シンポジウム」もあり、「石橋湛山記念講堂」の入口でもあったことから見学者の人たちも少なくはなかった。私と妻は、展示場の踊り場に通じる受付で、首から下げる名札やシンポジウムのための同時通訳のイヤホンを渡され、ついでに「立正大学一四〇周年記念特別展　石橋湛山と立正大学　第五十五代内閣総理大臣の描いた最高学府の理想像を探る」、「第十六代学長　石橋湛山と立正大学～立正大学開校一四〇周年にあたって～」（立正大学法学部教授　早川誠の文で日本語と英語・開校一四〇周年記念国際シンポジウム実行委員会）の二冊のパンフレットやアンケート用紙を頂き、じっくり「石橋湛山展」を参観した。うれしかった。本物の資料もみれたからだ。ただ物（資料）によっては、レプリカもあったかも知れないと思う。ともかく貴重で大切な湛山展であった。

立正大学開校一四〇周年記念特別展「石橋湛山と立正大学」は、主に（Ⅰ）開校から戦時期まで、（Ⅱ）石橋湛山と大学の再建、（Ⅲ）では、仏教文化と国際交流という分野で把握できる展示でもあった。

まず、その(Ⅰ)は、日蓮宗大学時代の修学年限の「証明下付願」で、湛山の実父である杉田日布学長宛に送られた資料。「報国隊」「軍事教練」「警戒防空配置要請」「日の丸寄せ書き」等。(Ⅱ)では、戦後のGHQ(連合国軍最高司令官総司令部)の「戦時補償」問題についての「戦時補償特別税免除申請書」、「言論人学長としての「宗祖に帰れ」の生原稿(『石橋湛山全集』に収録されている学長就任の論文)。さらには湛山先生の角印や万年筆、「内閣総理大臣に任命する」その他の政府代表各種の「任命書」など。

なかでも特筆すべきことは、総理大臣を退いてからの行動として、国交樹立のまだなかった中国を訪問し毛沢東や周恩来首相と会って、後の日中国交回復の下地をしたこと。「石橋＝周共同声明《コミュニケ》」が知られている、八十歳のときにはソ連へも行く独自外交も展開した。両方とも立正大学長の職にあったときだ。

昭和三十四年の第一次訪中直後に石橋湛山邸で、立正の学生によるインタビュー「訪中の感想を聞く」の記事も、貴重な湛山研究の資料だ(『立正大学新聞』)。

さて(Ⅲ)の仏教文化に関係するネパールとの大型海外調査プロジェクト「ティラウラコット遺跡調査」は、石橋湛山学長時代に「共同調査契約締結」され、二十二代学長中村瑞隆から二十七代坂詰秀一学長に至るまでの長期間となった。遺跡のティラウラコットは、仏教を開いた釈尊が青年時代を過したカピラ城の有力遺跡とされている。世界を視野に入れたこの研究プロジェクトは、石橋湛山の最後の置き土産ともいわれている。現在の立正大学は仏教研究の確固たる一拠点として海外からも認められているという。

一四〇周年記念開校の企画や行事ともなった、「国際シンポジウム」や「国際法華経学会」なども、そうした国際交流といっていいであろう。むろん海外大学との留学制度や交流もある。

だいたいの「石橋湛山展」の今回の内容が理解されたかも知れないが、私にとって印象に残り、身近に感じられたのは、湛山先生の使用した「角印」とか愛用した「万年筆《ペン》」。それから湛山先生の描いた色紙の「南画」や「色紙の書」。

「うーん」うなずいて顔を近づけて見たのが、石橋湛山という温かな人間性というか、心情をつづった一句とかたつむりの墨絵。南画のやさしさがある絵と語ってもいいと思うのだが……。

それは珍しい言論人湛山、政治人湛山、経済人湛山、教育人湛山の内在された心情と感性の一句として、私に感得されたからである。

〈三〉

そこで、その貴重で大切な一句とは私が前述した冒頭の引用であるが、正確に記せば次のような色紙となる。

という、解説がなされている。
もう一度この句を引用しておこう。

かたつむり動かぬようで早く行く

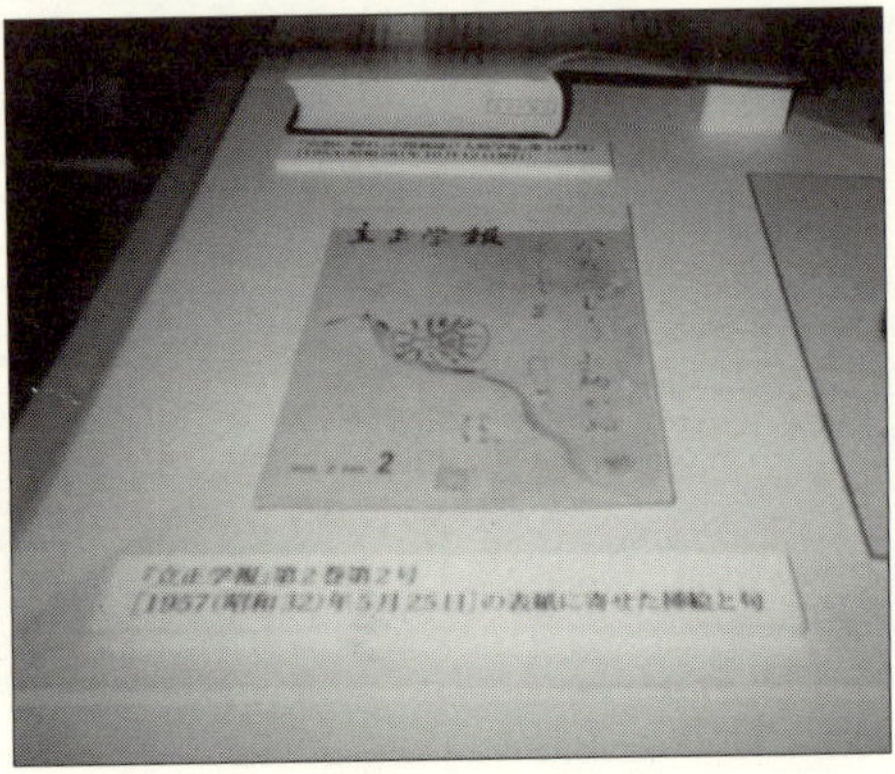

「立正学報」第２巻第２号
〔1957（昭和 32）年
5 月 25 日の表紙に絺絵と句〕

つまり、この絺絵と句はこの文章の〈一〉、で説明してあるように、〈絺章絵句〉という、章句をかざりつくる色紙。こういう色紙（南画と言葉の組み合わせを含めて）には、その作者の感性の豊かさと癒《いや》しのリズムの心音も放散しているものでもある。湛山のかたつむりの句と絵は、のんびりした歩みの生命と自然の厳しい生き方の計《はか》らいを暗示してもいるようだ。湛山先生が南画や書道を専門家について習っていたことは、『石橋湛山全集』や『石橋湛山日記』にも見られる。

では、多忙であった湛山がその絵画や書をいつ習ったのであろうか。私は多分、湛山がGHQの政策に異見を述べ、その命令に断固反対したことから憎まれ、全く理不尽に公職追放された時期にあったのではないかと思ってみたりしている。

昭和二十二年の公職追放から四年間ほど浪人になり、神田だと思ったが「自由思想協会」の事務所を開き、勉強会や興味があった南画や書道を身にふかくしたかも知れない。南画の先生は誰であったかちょっと忘れたが（おそらく日下部道寿だったと思うが）、書の先生は確か書道の大家で、大東文化大学教授で、短歌の人でも知られた松井如流であった。

もともと湛山は旧制中学の卒業に際し、日蓮の『開目抄』の一節を毛筆で認めたりその中学校の文芸誌にも歴史物の文章や、エッセイなどを執筆しており、早稲田大学に入学した二十歳には、短歌や明治世相への文明批評的手紙も書いている。これらについてはもう少し詳しく〈五〉の項で述べるつもりだ。

石橋湛山の文芸的批評や評論、文明観を捉えた論文については、私も拙著『石橋湛山――信念を背負った言説』の「二章　石橋湛山の宗教観及び文芸観」で、その論を展開しているのでそちらに譲るが、恩師の田中王堂や島村抱月先生の指導や紹介で、「早稲田文学」や「読売新聞」「文章世界」「大崎学報」（日蓮宗大学の学報・現立正大学仏教学部の学術誌の一冊）で、湛山の勝れた文明批評の論文が収められている。

またそれ以上に、主要な論文『観照と実行』に出てくる「矛盾撞着に苦しめる時代」の苦言の批評は、石川啄木のあの有名な評論『時代閉塞の現状』と同じ趣旨で啄木よりも一年前に執筆し、発表していた。湛山も啄木も僧門の出で、湛山は啄木よりも一歳上できっちり僧としての修行と教育の仕付けも受けていた。湛山は日蓮宗の僧門の出で他寺で少年時代仏飯を食んだ。啄木はどちらかというと僧門の仕付けとしての厳しさもなく、わがままでだらしない一面もあったといわれる。啄木の文学人としてのわがままが早死にすることになったかも知れない。人間としてのルーズさがあったことは啄木の一生からも知らされる。

若き湛山はアメリカ流のプラグマティズム（実用主義）の哲学とリアリズムとも共通する《足の眼》の現実性的な希望というか理想を背負って、その言論の主張をした。

啄木は現実を背負いながらも、地に足をつけることなく理想の文学に埋没してしまった悲劇がある。それにあまり健康的でもなかったこともあろう。文芸的才能があっても、生きる実生活では不幸をぶらさげていた。

いずれ、この時代の湛山と啄木については私も論じてみたいと思っている。石橋湛山の「自然主義批判」と石川啄木の「自然主義批判」の捉え方と共通観を通底しての立場でだ。

話かわって、湛山先生の愛敬のある絺章絵句で「立正学報」（立正大学の学報）第二巻第二号の表紙となった〈かたつむり動かぬようで早く行く〉は、戦前、戦中、戦後の荒波の時代を生きてきた呼応の吐息が感じられ、かつ精神の形成されて来た、人生の重みのような信念の句心が匂い、這っている。そういう問う思念のねばりがあり、流露している。そこにはノロマで、ゆっくりしか進めないかたつむりであるが、そのノロマで、ゆっくり精神にこそ、この虫の歩みの地味で信念をおおっている殻を背負い、粘つく液を出しながら、「かたつむり流智見」を敷く独行を歩むのだ。

雨上りの梅雨どき美しさを見せるあじさい。そうしたあじさいの大きな葉に伴走者のごとく這うかたつむりの一匹。私は自らの眼で、雨上りのあじさいの葉を独行する「かたつむり流の姿」をのぞいて微笑んだものだ。

まさしく動かぬようで、いつの間にか進み葉から消えている姿。あじさいの花をゆっくり歩むことに安心して、ひととき散歩して元のあじさいの同じ葉をのぞいてみると、「もうそこにかたつむりは居ない」。ほんとに動かぬようで早いのが、かたつむりの美学であるのかもと思念してみたりしている。

そこにかたつむりのくらいの存在の粘液を出し、自らのレールの道をつくりつつ往くのであろう。そう、かたつむりの生きる、計らいの位の生き方としてだ。それを仕事の命の粘液の刻みとしてだ。そう想像し、想念してみるのだ。

私は、そうした句心句想の立場から石橋湛山の一枚の色紙の表紙から、かたつむりの句の存在感とイメージを知らされた。否いな、この言論人で思想者の石橋湛山という人物の独立独歩の精神の、ゆっくりでもいい自らの信念を貫いて生きる、自覚の大切さと必要さを教えられているともいえようか。

石橋湛山という偉大な思想者の珍しい句として、その「動かぬようで早く行く」かたつむりの励ましの精神リズムを、わが湛山の魂のさけびのありようとして、私には重く當身の感性としてぶらさがってくるからだ。そのことをよしとする句想で詩心だと思っている。

以上のような意味というか、立場の心情から、石橋湛山の来歴の一コマのさけびの句心、絺章絵句の人生からにじみ出た甘露の心であり、その作品とも思っているのだ。

〈四〉

そもそもかような、石橋湛山の趣味というか余興の絺章絵句や南画、あるいは書道の習いについては、湛山が理不尽なＧＨＱのレッドパージに遭った時で、湛山にも多少の自由時間があったと思われるころと語ったが、この無職時代の追放期に身に付けた余技が、湛山の安らぎの一つになったのであろうし、精神的にも人間的にも自らをふかめた転化にもなったことであろう。

同時に、これらの興味の教養表現の絵句や南画が日本の歴史に登場した、言論人思想者の貴重な人間的感性の作品となって残っていることが実にいい。なぜなら石橋湛山という人物の人間的精神のやさしさや温かさの心の鼓動が、絵画（南画）や章句の資料として、私たちに共有して共感できるからだ。

そこで、この湛山の描《か》いた「南画」がある事で、無断に利用されて困ってしまったことがある。その身近な困惑に不満を持ち、怒りのごとき心情を語っている。そしてその心情を告白しているのが、湛山研究の一級資料となっている『石橋湛山日記』上下（みすず書房）の下巻に見ることができる。

そういうことで、資料の『石橋湛山日記』下巻のページを開く前に、〔南画〕とは何かということを一言しておこうと思う。

〔南画〕とは、中国禅仏教の一派である南宗禅に通底する画。南宗画の略。新村出編『広辞苑』に拠ると「中国画二大流派の一つ。（略）唐の王維《おうい》を祖とし、（略）明末・清初に最盛。気韻を尚び、多く水墨法もしくは淡彩を以て山水を描く。作家に文人・学者が多く、我国では江戸中期から受入れ、池大雅や与謝蕪村等が名高い。南画。文人画。」とある。

話を元にもどそう。

湛山の「南画」を断わりもなく利用した事に、不満の気持と警告をつづった心情を、それでは『石橋湛山日記』のページに見てみよう。「日記」は下の四八〇〜四八一ページで、昭和二十七（一九五二）年の、

二月九日（土）　曇

十時より経済倶楽部にて国際経済懇話会。モスコウ行の件静観。ただし日本の提出すべき文書の資料調製は実行するに決す。
十二時半真鍋歯科。午後二時より立正学園にて綜合学園設立事業会発会式。いつの間にやら私はその会長に祭り上げらる、のみならず私の不同意にかかわらず、湛山の印を押したる南画色紙を画家に作らせ、参会者数百に配布す。私の迷惑はとにかく、かゝるインチキは学園そのものの事業に支障を生ずべし、警告を要す。
右終りて斉藤栄三郎氏の宅にて仝氏の選挙出馬につき談議。安藤章一郎、小野光洋、宮川三郎参集。

二月十日（日）　曇
午前宇都氏来指圧。望月日雄来、小野師より事業会役員たることを求められたる由、私がとくと小野師と打合せたる上のことにすべしと相談。

（略）

ここに記《しる》された湛山の日記に見られるように、南画の作者湛山の不同意にもかかわらず、勝手に「湛山の印を押したる南画色紙を画家に作らせ、参会者数百に配布」したことに、怒りの不満を語っているのだ。

それも「かゝるインチキは学園そのものの事業に支障を生ず」ることもあると安じて、警告をするという。これらの心底には、湛山の温かさとやさしさの精神もつつまれているといえようか。感受性が豊かであった少年時代に何回か父から聞いた「正しい人」になれの言葉の影響というか、作用があったのであろう。信念と正義感の強い誠実さが彷彿として脈している。

「インチキ」と「人を騙す」ことを是としなかった石橋湛山らしい一コマが浮かんでくる。

ところで、『石橋湛山日記』に登場する「立正学園」は、東京旗の台の学校で、小野光洋師が創設した学園だと思う。立正女子短期大学や立正女子大学の創立者ともいわれる小野光洋師。戦後は参議院の議員にもなり、女子の教育にも尽力した教育者であった。小野師はまた師と称せられるように、出家者で僧侶でもある。湛山先生と同じ日蓮宗門で教育や宗門の盟友の一人でもあった。『湛山全集』や『湛山日記』にもよく名前が出てくる。

立正女子大学では学長を責務としたし、湛山が立正大学を退いた後には、立正大学理事長にも就任したが、その在任中に病気で亡くなられたと私は記憶している。

湛山は早稲田の哲学科に学び、光洋は立正の哲学科で学んだ哲学専攻の二人でもあった。小野光洋師は、そうした立場から宗門でも傑僧《けっそう》と呼ばれた。

人とは、もしくは人との関係とはよく人脈にあるとも論じられるが、石橋湛山の人脈も経済界、言論界、政界、教育界、宗教界からの山脈をなしており、人々を引きつける人間的魅力があった。誠実さと、温かさと、信念との歩みから湧水した魅力とも語れようか。それとも天性の内在した胸臆からであろうか。

ともかく石橋湛山は『磁石』を持つような人であり、さらには『太陽』のような温かさを放つ人でもあったといわれている。

最近の石橋湛山を研究した書物である『日本人は何を考えてきたのか（大正編）――「一等国」日本の岐路』ＮＨＫ取材班編著（ＮＨＫ出版　二〇一二（平成二十四）年十二月十五日第一刷発行）で、石橋湛山研究の第一人者と申し上げてもいい東洋英和女学院大学教授増田弘氏は、「大正デモクラシーと中国・朝鮮――吉野作造と石橋湛山」の項目に於いて、姜尚中東大教授の「吉野と湛山」の二人の思想形成の、足跡を辿りながらの取材経験からの質問に、湛山を称して熱く話している。湛山は「磁石のように人を引き付けるような統率力や人間的信頼感など、あえて申せばカリスマ性があった」と。あるいは「言論人でありながらオルガナイザーである」という。

姜尚中教授も「それが、リアリズムということだと思いますね」と応えている。

要するに最新の「石橋湛山研究」につらなる一書を読んでも、石橋の正義感や温かな人柄がにじみ出るリアリズムの精神思考を実践した息吹が伝わってくる。

その例の一つとして、東洋経済の社長時代に開かれたワシントン会議のときに政治家や言論人、研究者などを集めた研究会を設立し、会議に向けて発した声明文を英訳して送ったという行動などはそれであろう。

そこには、あの梅雨どきのあじさいの葉を這う「動かぬようで早く行く」かたつむりのイメージが浮かび、ゆったり、のんびりしたノロマの存在であろうと、生きる自然との計らいによって進む信念。ましてそこには自らのありように立ってさけばねばならない精神が大事で、必要なのであろうと考えさせられるイメージがある。

湛山先生の言説の心奥には、消しえぬ言論人としての魂がうごめきつねに燃えていた。言い換えれば、そこにはあの湛山も愛し尊んだ日本仏教の改革者の一人であった日蓮の残した言葉、「當身の大事」をぶらさげた魂の心音をなしていることが知らされる。

立正大学開校一四〇周年記念の企画、「石橋湛山と立正大学展」で見ることのできた一枚の「絺章絵句」の色紙や南画。すなわちすでに数回引用した、

かたつむり動かぬようで早く行く

の『立正学報』第二巻第二号の句を面白く、興味ぶかく、かつまた「自分で考える」ことの重要性を自主独立の精神とした石橋湛山の教育観をも、この貴重で珍しい句心に確認できたことだ。捉えることを教えられたことだ。

〈五〉

かくのごときことから想念されるのが、湛山が二十歳で早稲田大学に進んだ頃、日露戦争が始ま

りその戦争のとき、湛山が少年の頃預けられた長遠寺《じょうおんじ》の住職望月日謙上人が、従軍僧の一人として大陸進出に従軍した。その師である住職に宛てた手紙があった。その手紙とは従軍僧として行く師の衣《ころも》が血に染まることを心配し、僧の従軍布教が大陸進出に利用されることへの疑問やそのあり方を批判的に見ていたことが知れる。

そこには、あの明星ロマン派の与謝野晶子が読売新聞に、弟を想った「君死にたまふことなかれ」の日露戦争への疑念批判の詩が引用されており、また湛山自ら作った短歌も一首しるされていたというのだ。

では、その歌とはどういうものか。それは、

菊文字一振ふるや月冴えて慈悲のかがやき醜国《しゅうこく》てらす

という若き湛山の戦争批判に対する精神歌でもあった。

つまり「菊文字」とは軍刀（天皇制）であり、軍刀を振りかざす戦の姿が、冴えた月の中の慈悲のかがやきのように見えるが、それは醜い国を照らすことだ。けっして「美しい国」とは言えないという意味の歌だ。

前述したＮＨＫ取材班編著『日本人は何を考えてきたのか（大正編）』の「――吉野作造と石橋湛山」で、この湛山の若き日の手紙と歌を発見した研究者で、「山梨平和ミュージアム＝石橋湛山記念

館」理事長、浅川保氏が足で調査した努力に私はまず頭を下げたい。この貴重な「手紙と歌」の資料は、浅川氏の最初の著書『若き石橋湛山』に所収されている。ついでに加筆しておけば、数年前に『石橋湛山全集』十五巻が再刊されたとき新たに発見された資料（婦人問題が多い）と共に一巻として増補されている。

ところで、従軍僧としての「法衣と醜国」をしたためた手紙と歌について、『日本人は何を考えてきたのか（大正編）』で、浅川保と姜尚中教授の対話で、姜教授が湛山の歌について「反戦非戦の思想ですね」と話していることが印象的であり、それも「ぐさりと刺すような批判精神」がふかく共感されたと。私もこの歌を深く留眼した。

そうした批判的な感性というか精神は、出自の宗門からの影響の日蓮的な求道心のような魂にあったかも知れない。

それは自主独立のごとき問う思考の、日蓮の歩みにも似ているともいえようか。

石橋湛山の若き日の感性と、教育と、心情思考を推察できる一つのほほえましいエピソードとも捉えられよう。

さて、そこでついでにもう一つ石橋湛山の人間的で、魅力ある人柄についてのエピソードをここで語っておこうと思う。それは人間を見る眼、捉える眼の力のありようと大切さを思念させる、ふかい人間性につながる話題《エピソード》でもあるからだ。

日本の運命を大きく変えた今般の第二次世界大戦、その戦時中、東条内閣が登場し軍事色そのものになって行くとき、自由主義者として、まだ軍部横行や戦争への批判言説をしていた石橋湛山に対して、東条首相が内務省の官僚であった町村金五に対して、石橋湛山をマークして、場合によっては逮捕せよという命令を出していた。町村は部下に命じて湛山をマークさせた。

けれどその警察の部下たちは、湛山に接すれば接するほど湛山の人柄というか、人間性にひかれファンになっていくという。つまり石橋湛山の態度と行動の誠実さに感化され、湛山を見る眼や捉える眼が変わったのであった。湛山の「太陽のような温かな精神」、「磁石のように引き付けるこころ」に言論人湛山の人間の立場を理解したのであろう。

湛山をマークしていた警察の部下たちも、上司の町村金五に「湛山の危険人物」としての報告をあまりしなかったようだ。町村金五もまた、石橋湛山という人物の存在を見抜く眼を備えており、東条の命令にもかかわらず、湛山逮捕を無理にしなかった。そうした立場から、終戦を迎え日本は降伏した。

町村金五氏の石橋湛山を逮捕しなかった人物を見抜く眼が、戦後の混乱期にも言論人、政治人、教育人として日本の民主主義や平和主義の思想、自由主義者の歩みを叫んだ湛山を全うさせたとも思うのだ。

町村金五は終戦前に警視総監に就任し、戦後衆院議員となり、北海道知事になり、田中内閣の国家公安委員長・北海道開発長官になった。

石橋湛山が官憲にマークされ逮捕されなかった話は、戦後、町村本人から聞いたようなことを確か

『湛山回想』で語っていたと私は記憶している。そのエピソードとしてほほえましいものがある。

石橋湛山は若い頃からの自由主義、民主主義の言論人として、さらに東洋経済新報社の記者や社長として活躍し、戦後は第五十五代総理大臣となり、立正大学学長となり、晩年は、東西世界の平和を願いその重要な「平和主義」を言説し、日中の「国交回復」のレールを敷設した。

まさしく信念と理想のため、自らの思想を実践した言論人で思想者であった。

人間石橋湛山は「温かな太陽のごとき人」であり、もしくは「磁石のような人」とも語られているが、私はもう一つ「雨新者の人」と表現したい。雨新者の精神を背負った人物として捉えている私にとっては、信念の自由主義者であり、その生活を歩んだ偉大な言論人でもあった。

最後にこの拙い小考を擱くにあたって、私が説明しておきたいのは「雨新者」という言葉についてである。


鎌倉新仏教の祖師たちのなかで、仏典『法華経』を主要とし読誦したのが道元や日蓮らであった。日蓮はとくにこの『法華経』に命をあずけ、その布教をした。

日本仏教の漢訳仏典で大切にされた『法華経』二十八品（章）で、七章にあたる「化《け》城《じょう》喩《ゆ》品《ほん》」に「雨新者」の仏説が出てくる。

詳しく記せば、

「香風時来。吹去萎華。更雨新者。」
「香《かんば》しき風は、時に来りて萎《しぼ》める華を吹き去りて、更に新しきものを雨《ふら》す。」
（坂本幸男・岩本裕訳注『法華経』岩波文庫より引用。）

意訳すれば、普遍性を内在する教え、あるいは仏の言葉は、時代の流れとか場所を超えていつも新鮮な輝きを放つものであるという。香しき風や降る雨はそうした普遍性の連続をもっている。仏の慈悲の言説はそうした血脈するものがあるものだ。

石橋湛山の言説や、俳句、短歌、手紙、南画なども、そうした人間としての心音と声のさけびを背負い、ぶらさげているものがある。それゆえに、時代の業火を背負い生き抜いた雨新者としての生涯は、生存する精神としても大事なことなのかも知れない。石橋湛山の一生は、そうした人生風景を見せて、教えてくれるといっていい。

〈二〇一三年六月末日　梅雨あがりの晴天稿なる。〉

雨新者　石橋湛山の堅固な信念

――その磁石のごとき人間性の魅力について

人間が人間に憧れ、あるいは引かれて影響を受けるということは、考える葦としての感性や理性の大切なたまものであると言えよう。

なぜなら、それはそこに人間としての生き様死に様の歩み方にあっての、〈人生〉の魅力が伝わってくる心の音や身《からだ》の音が粘りついているからだ。その人間としての人間性の、磁石のような人柄の以って知る、真味に引き付けられるからであるかも知れない。

人の思念というか、心情にからみつき、離れることのない尊敬、畏敬、もしくは忘れてはならない人物としてだ。

そこで、その人間的感性の声をひとりの思念者として、素直に、真面目に、真剣に、心耳を傾けこれから聞いてみたい。

そういうことから、先ずこの一文の題名《タイトル》の冠になっている、「雨新者」の由来について語ってみることにしよう。

この言葉は、仏典『法華経』（正式には妙法蓮華経化城喩品《みょうほうれんげきょうけじょうゆほん》第七）の第七章にある経文で、「香風時《こうふうじ》来《らい》。吹去萎華《すいこいけ》。更雨新者《きょううしんじゃ》。＝香風時《こうふうとき》に来《きた》って萎《しぼ》める華《はな》を吹《ふ》き去《さ》って、更《さら》に新《あたら》しき者《もの》を雨《ふ》らす。」（『真訓両読　法華経並開結』平楽寺書店版）。

意味するところは、仏の教えというものは時代や場所を超えて回帰し、常に新鮮な光明《かがやき》を放っているものだ。

思うに雨というものは、生命ある物を活《い》かす水でもあり、もっと大きく言えば大河となり文明をつくり、自然の息吹を形成してきた慈しみの雨でもあるのだ。雨水がなければ動物も植物も、それらを含めた自然の命も生まれなかったと言ってもいい。

雨は正しく天の計らいとしての生命者。常に新鮮な潤いとしての息吹を咲かす、天与の雨新となってふる。それゆえに消しえぬ雨、滅せぬ雨を、普遍的必然性の「雨新者」と呼んでもいいと思う。そしてまた、いつの時代にも人間のふかい大事の人性《にんしょう》を背負い、その歩みをした形容のごとき、雨心の精神を衿持した人はいるものである。

その中のひとりの人物として、わたしは日本の近現代史に〈独り往く犀〉となって、自らの道を進んだのが言論人で、政治家で、教育者であり、宗教心の感性を内に抱いていた石橋湛山であったと考えている。湛山はここに述べるまでもなく、明治・大正・昭和を生き、日本の自由主義、民主主義、平和主義、もしくは社会世相の旧道徳や文化などに批評・批判の言説を放った言論人。それも国や民衆のバロメータとなる、経済的立場の実用哲学からの実用主義《プラグマティズム》を提唱し、言行した。

知性と見識を備えた徹底的自由と民主主義をさけんだ。学者によっては、石橋湛山を「急進的な自由主義者」として評価している。最近の捉え方では、「偉大な言論人」、「稀有な思想家」、さらには「世界平和主義者」として研究され認識されている。ともかく、そういうことから湛山の生涯八十八年は、時代の風雪の輿《よ》論者として命終《みょうじゅう》したと言えよう。

そうした我が国の近現代の歴史に、新しい雨をふらし、言論し、その足跡を残したことは湛山の當身の大事であったと思っている。

そこにわたしは、仏典に出て来る「雨新者」の言葉を浮かべ、微笑むような気持ちでつつみ、線輪し、感受し、共感するのだ。何是というならば、そこには仏教の説く願いというか、祈る心を秘めた《誓願》の大事の慈悲、慈愛、和平や安穏の世界を希《のぞ》んだ日蓮上人の精神にも通じる、石橋湛山のメッセージが巻かれていたと思うからである。

石橋湛山はそもそも日蓮宗の日蓮的薫習《くんじゅう》の高僧の息子として生まれ、また十歳の頃から他寺に預けられて修行し、旧制中学を了えるまで「他人の飯」を喰って過したことも、湛山の知性とともに雨のごとく流露していったと確信したい。

言い換えるならば、そこには原始仏典『ブッダのことば――スッタニパータ』（中村元訳、岩波文庫）で表現されている、「ことばの雨」にも共通するものがあり、仏陀の言説《ごんぜつ》（説法）を雨ら《ふ》した人間平等、さらにはヴェーダの階級差別を否定した自由的発想のふる、「言葉雨《ことばあめ》」にも絡まってくる感覚も享受される。

もう少し付言すれば、仏陀も人々を救済する輿論者でもあったであろう。仏典はそういう意味では、社会変革の世論の「ことばの雨」と宣べてもいい。

石橋湛山という人物も見方によっては、時代の変革や人びとの転化の幸福《しあわせ》を願った人間であり、大きな立場の過程《プロセス》から申すならば、世相の進歩の「ことばの雨」を散華した、雨新の人であったとわたしは断言したい。『石橋湛山全集』の言説は、まことにそうした「ことばの雨」を時代に相応したものだと思っているのだ。

その自らの一生を言行一致の歩みをもって、色読した。〈色読《しきどく》〉とは、法華経精神の寂光土《じゃっこうど》（平和な世界、安穏世界）を願った歩みとしての行動をいう。仏教の仏陀の教えも、その行動の実践である。仏陀釈尊の説法の旅、布教の旅は、その色読の教えであるから尊いのだ。飾りだけの仏陀の言説であるならば、絵に画いた空虚な仏典になろう。

『石橋湛山全集』の湛山の言葉は、そうした輿論の転化自覚への認識思想を含んでいるもので、人間としての生存権、自由権（ただし、そこには権利と義務のルールがあるとして）、民主主義の思想、平和への願いの評論の言論で、時代の光明の「ことばの雨」の回帰を告げてくれる。

人間としての、個の独立自主の歩むべき感性を大切にした、根源の「自存の哲学」を湛山の言葉に感受できる。そこにはじわりと滲み出る、湛山の強い意志と信念が流れている。甘露のごとき堅固で頑固な雨新のことばとなって——。

だからこそ、湛山は独りの言論人となって戦前戦中の治安維持法の時代に、あの軍部の横行や維持法を批判し、恐れず自らの信念を貫き、それとなく耐えられたのだと思うのだ。そこには日蓮のさけんだ「智者に我義《わがぎ》やぶられずば、用《もちえ》じとなり。其外の大難、風の前の塵《ちり》なるべし。我《われ》日本の柱とならん、我日本の眼目とならん、我日本の大船とならん、等とちかいし願やぶるべからず」（『開目抄』の三大誓願）。もう一つ付言すれば「王地に生まれたれば身をば随へられたてまつるようなりとも、心をば随へられたてまつるべからず」（『撰時抄』）との、自覚的認識で幕府の権力や宗教に胡座《あぐら》をかく仏者を鋭く批判。それには「自由の討議」や「心の自由」がなければならないとし、堅固の大信念をぶらさげた日蓮上人の日蓮的湛山が知れよう（この日蓮遺文は「社員会雑話」『石橋湛山全集』第11巻所収、以下『全集』⑪と表記）。

日蓮が『法華経』譬喩《ひゆ》品第三に出て来る「彼國諸菩薩《ひこくしょぼさつ》　志念常堅固《しねんじょうけんご》」（彼の國の諸《もろもろ》の菩薩《ぼさつ》　志念常《しねんつね》に堅固《けんご》にして）の誓いを必要としたように、志念堅固の常を湛山自身もぶれない魂のように自らの懐にしたのであろうと思う。

そのような思念認識で、近現代の荒波を渡り言論したことはすでに前述した。

そうした中でも、わたしが強く言いたいのは、石橋湛山が自らの《理念》を生命のごとく言論に十字架としたことだ。理念を内在し、晩年の命終まで理想の平和主義を願っていた意志にだ。そこに生涯を献げた全うの信念にだ。

とまれ、ここからは湛山言論の具体的な例を挙げて、その発言を問い見てみよう。

石橋湛山の膨大な雨新のごとき言論は、経済や政治の分野ばかりではなく、労働、文芸、道徳、婦人、普通選挙、農業、文明文化、思想、教育、哲学、制度、科学、宗教等に及ぶもので、筆《ペン》の向かう矛先は多大で鋭い。

重ねて記すまでもなく、『石橋湛山全集』全十六巻には、社会や国、人びとの日常生活の幸せに、その目を開かす重厚そのものの知見があるのだ。うーむと唸る「志念堅固」の、力の意志にだ。

仏典や聖書を味読し、西洋哲学にも宗教学にも学び、古典経済学を原書で読み、猛勉強したともいう。なかでも湛山のエピソードとして知られているのは、毎日三ページを続けて読んだという伝説的信念。そこには、人としての自らの問い問う、意志のありようをも学ばされる。

例えば、「ことばの雨」の譬喩の代表としての〈評論〉については、「東洋経済新報」の伝統として、同誌の記者や従業者は常に「真面目に真剣である」こと。なぜならばそこには、社会に関係する「将来の指針を樹立することを使命とせる」のだからという。だから、評論の重要さは、「唯だ一意奉公のために言論するのであって、私の利益の為に、一毫と雖も動かされてはいない。之が読者の本誌に対する信頼であった」とする（「本誌千五百号の発行に際して」『全集』⑧）。記者も読者も、「信頼」というキーワードの心情で結ばれることの大切さを知らねばならない。

「真面目で、真剣で、信頼」の言論の記事であるから、如何なる難局の時代に於いても、評論や報道の必然性と大事さが分かるであろう。わたしたちは、以上のような「真面目、真剣、信頼」の人間関係の精神は、思考、行動の生き方に在って、失ってはならない感情であり、感性であろうと思う。就中《なかんずく》、人との「信頼」については、社会という関連に立っても、共存する理念として必要だ。「雨新者」のことばの雨の慈愛や安らぎの精神も、「信頼」という甘露があるからだ。そのような根源から、平和な希望が成り立つのかも知れないであろう。

さて、もう一つ身近な世相の人生訓というか、処生訓として「人の過《あやま》ちについて」、湛山はどう捉え、どう見つめていたか。

湛山は言う「若し天性過ちの味を知らぬ者があったら、その者は到底人間の生活を理解し得ない者である」と。孔子や釈迦、基督《キリスト》らは過ちの切実深刻なるを知り得ていたから、哲学宗教を立て得たのであり、将来の教訓にするので聖者となった。けれど凡夫は過ちを冒すも「其の過ちたるを自覚せず、若しくは知るも強いて之れを糊塗し、我が反省の資料とすることを拒む」。

聖者と凡俗の分る位置《くらい》はこのような一事に外ならないのだと――（以下略、『全集』②「万事皆教訓」）。人間の過ちの感情や行為は誰にでもあろう。だからこそ、その過ちについては「反省」や「懺悔」が大切であり、また「寛容」や「許す」こともなければならないとする。社会という火宅三界の改善も進歩も「先ず自分の経験の切実なる反省と聡明なる訂正とに求むる外に、求めようが無い」のだと語る（同前「万事皆教訓」）。

人としての人性《にんしょう》の有りよう。社会という組合せの複雑さに、人としての経験的反省が求められることは人間世界の真実でもあろう

最後にもう一つ、湛山の言論の雨としてわたしの素直な心情を打ったのは、「挙国一致とは何か」の評論（『全集』②）である。そこには人間や社会に対しての、ふかい洞察と見識が伺い知れるからだ。その「ことばの雨」は「人間の価値は、無限の変化、無限の発達にある。而して之れは個人たると、社会たると同様である」のだと。

かくして、ここに人に与うべき権利や利益についても論じ、「社会は制度ばかりで改革出来るものではなく」、現今（昭和四年）の我が国の現状に於いては「制度に依りて人を改造することも亦甚だ必要である」と断じている。そして重ねていう「天恵乏しきをいたまず人工足らざるを憂う」（『全集』⑤）とさけび、「人は主にして、物は従である、物の爲めに人が役せらるると云う法はない」のであると（「来たるべき『人』中心の産業革命」『全集』②）。

それゆえに人こそ資源と主張する湛山像が、不滅の足跡をつけて回帰してくる。

人的産業のあるべき四大綱目として、「賃銀、休養時間、衛生、教育の固定最低限度を設け、若しくは高むることを図らねばならぬ」（「如何にして平和の戦争に準備すべき乎」同前『全集』②）とする。労働者としての四大綱目は、現在に当て嵌めてもなんら旧くはない。

従って、われわれが日常の社会生活に在ろうとも、絶対忘れてはならない人間復興や回復の精神を

与えられる《雨新者》としての言説雨だ。思念と理念（理想）を讃歌している、志念堅固の信念を知らしめてくれる。

石橋湛山の滅び去ることのない、時代や歴史を超えた、その人生観や幸福平和への、自主独立の魂を暗示してくれてもいる。

いつでも新しい雨となって、四季のいのちを開化させる「雨新者哲学」の、湛山のことばとなってである。そこに人間としての石橋湛山の、大いなる魅力があるといえるのであろう。

磁石のような思念の感性で、他者を引きつける湛山の「ことばの雨」の甘露への歓びよ。温かさのある励ましの言論言説よ——。

立正大学で湛山学長の下で、理事や教授として仕事をした斉藤栄三郎先生は、湛山学長のことを「太陽のような人物」だと「自由思想」33号で書いていた。

ついでに記しておけば、文化人や政治家のなかには、石橋湛山を「頑固」とか「心臓ゆえの人」とか、呼んでいた人もあるらしい。しかしそれは、湛山の常なる志念としての堅固さを、ぶらさげた信念のぶれないことを、見抜けていなかったからでもあろう。

いずれにせよ、湛山の出自を認識していた宗門の人や知人からは、「今日蓮」と呼ばれていたとも言われている。湛山の足で歩いた眼の、言行一致を日蓮の姿にイメージされてくる。

「私は、自ら研究し、正しいと信ずる主張を述べるのに遠慮はしなかった。それは、いわゆる心臓のゆえではない。理論の背景があったからである」とし、日蓮門下の末席につながる一人として、その決意を吐く。日蓮の誓願とした「日本の柱となり、日本の眼目となり、日本の大船とならんと志すものである」と湛山は自説している（「意志の堅い日蓮上人」『全集』⑬）。

さらに申せば、若き湛山は、早稲田を出て新進の文芸評論家として出発するが、その文芸に関しても「わが霊《ことだま》を新に蘇らせ、わが慧眼《えがん》をここに開かせて」と言っているごとく、「慧眼」を重んじている。慧とは恵のことで、知恵、知識、知見にも通じようか。その慧眼を文芸に凝視している。若き湛山らしい慧の転化の感性眼といっていいであろうか。

その慧眼としてのふかさを示す批評の言葉を、この一文を擱くに当って引用しておきたい。

「自由批評の精神亡び、阿諛《あゆ》の気風瀰漫《びまん》すれば、その国は倒れ、その社会は腐敗する。」（「文芸協会の破綻」『全集』①）。

仏典の雨新者秘めひとり往け

墓にふる雨新聞きつつ世をみつめ　（東京日暮里　善性寺にて）

湛山の雨新の理念言《こと》走り

湛山先生の墓と羽二重団子

――偏狭なる国粋主義、懐古主義ほど、世に危険なるものはない。（石橋湛山）

〈一〉 湛山先生の眠る寺と羽二重団子

今年平成十八年の夏は、梅雨の期間が長く、また大雨のため水害もあちこちであり、大変であった。八月に入り急に暑くなり、おかしな夏でもあった。地球温暖化の異常性が少しずつ感じられている。そういう猛暑のお盆休みの終わる八月十七日、私は日暮里の善性寺《ぜんしょうじ》を訪れた。

それは偉大な言論人であり、政治家（第五十五代内閣総理大臣）で、教育者（立正大学第十六代学長、後名誉学長）であった石橋湛山先生（一八八四―一九七三）の墓をお参りするためであった。それはこの、「湛山先生の墓と羽二重団子」を書くため「調べておきたい」ことが必要になり、あわただしく善性寺に足を向けたのであった。

この日はともかく蒸し暑く、日が照ったり、雨がふったりで、汗、汗、汗の日であった。往き帰りの京成電車の中と、湛山先生の墓をお参りした後、この寺の向かいにある羽二重団子の店に入り、一息ついたときは、冷房《クーラー》がここちよくほっと落ち着き、ゆったりできた。

石橋湛山先生の墓には、去年の五月にも妻と谷中散歩をした帰りに立ち寄り、羽二重団子を食べて京成で幕張の家に帰った。またその前年の平成十六年九月二十六日にも、千葉県詩人クラブによる「文学散歩」で谷中に行ったとき、その帰り「光芒」同人の仲間で詩友である池山吉彬兄と《石橋湛山の墓》を訪れた。そして善性寺向かいの名物である羽二重団子を食って、雑談をし帰ったことがある。

池山兄と二人のときは、私はちょうど圧迫骨折のため一ヶ月ほど入院していた病院を退院し、腰にはとくべつ頑丈なコルセットを着け、杖をついていた。

今思うと、よくもまあこの「文学散歩」に参加ができ、石橋湛山先生の墓をお参りできたものだと感謝をしている。平成十六（二〇〇四）年九月二十六日の私の日記には、「一日小雨、ふったり止んだり。千葉県詩人クラブの文学散歩。東京谷中への散歩。二十数名参加。佐野さんは欠席。池山氏と文学散歩解散の後、善性寺にある《石橋湛山の墓》に行く。写真を撮る。墓参の済んだあと、向かい羽二重団子の店に入り一休み。池山氏もよろこんでいる。

ともかくつかれたが、たのしい文学散歩であった。

『石橋湛山――信念を背負った言説』の校正の件。」とある。

たぶんこの日の文学散歩に、前日に届いた私の処女著書である『石橋湛山』（高文堂出版社）の初校ゲラを、リュックサックに入れて背負ってきていた。その校正ゲラを、江戸時代からの名物である「羽二重団子の店」で話していた。池山兄も「よかったね」と励ましてくれる。

そうした池山兄との二年前のことが、一人でやってきて今回この湛山先生の墓前と名物団子屋に入って、ふり返っていた。尚、詩誌『光芒』55号で拙著『石橋湛山――信念を背負った言説』を、〈すべて相違に始まる――石村柳三「石橋湛山」を読む〉と題して、こころ籠る長い書評を執筆してくれた。あらためて感謝したい。

ところで、この羽二重団子とはお店の「羽二重団子のしおり」によると、

〈文政二年、小店の初代庄五郎が、ここ音無川のほとり芋坂の現在地に「藤の木茶屋」を開業し、街道往来の人々に団子を供しました。この団子が、きめが細かく羽二重のようだと賞され、それがそのまま菓名となって、いつしか商号も「羽二重団子」となりました。こうして創業以来六代百八十年、いまも江戸の風味と面影をうけ継いでいるのでございます。〉とある。

明治に入り、やがて「羽二重団子」が文学作品にも書かれ、多くの人に知られるようになった。たとえば夏目漱石の『吾輩は猫である』に、

「行きませう。上野にしますか。芋坂へ行って團子を食いましょうか。先生あすこの團子を食ったことがありますか。奥さん一辺行って食って御覧。柔らかくて安いです。酒も飲ませます。」

（初出「ホトトギス」明治三十八年一月　全集、文庫　他多数収載）

また正岡子規「道灌山」では、

「ここに石橋ありて芋坂團子の店あり。繁盛いつに變わらず。店の内には十人ばかり腰掛けて喰ひ居り。店の外には二人イみての出来るを待つ。根岸に琴の鳴らぬ日はありとも此店に人の待たぬ時はあらじ。戯れに俚歌を作る。

根岸名物芋坂の團子賣りきれ申候の笹の雪」

（初出新聞「日本」明治三十二年十月二日『正岡子規全集』第十三巻　講談社刊　昭和五十一年）

同じく子規の「寒山落木巻三」「俳句稿巻一」には、

「芋坂に名物の團子あり

芋坂も團子も月のゆかりかな

短歌会第四会

芋坂の團子売る店にぎわひて團子くふ人團子もむ人」

（全集の他、岩波文庫『子規句集』『子規歌集』に所載）

泉鏡花も「松乃葉」に、

「眞昼間の幕を衝と落とした舞台横手のようなつらりと店つきの長い平屋が名代の団了屋」

司馬遼太郎「坂の上の雲」六においても、

「この茶屋は「藤の木茶屋」とよばれて江戸のころからの老舗なのである。団子を売る茶屋で、その団子のきめのこまかさから羽二重団子と呼ばれて往還を通るひとびとから親しまれている。」のだと。

（小説『坂の上の雲』文藝春秋社刊　昭和四十七年他、文春文庫所載）

以上のような文学者による文学作品で、「羽二重団子」は描かれているのだ。

〈二〉　善性寺と湛山先生の関係

さて、それからもう一つ語っておこう。

この名物団子屋の向かいの善性寺《ぜんしょうじ》の門のところに、荒川区教育委員会が建てた「あらかわの史跡・文化財」の小さな案内板（看板）がある。

その案内板には、

将軍橋芋坂（善性寺）

善性寺は日蓮宗の寺院で、長享元年（一四八七）の開創と伝える。寛文四年（一六六四）六代将軍徳川家宣の生母長昌院が葬られて以来、将軍家ゆかりの寺となった。宝永年間（一七〇四—一七一一）家宣の弟松平清武がここに隠棲し、家宣のお成りがしばしばあったことから、門前の音無川にかけられた橋に将軍橋の名がつけられた。善性寺向い芋坂下には文政二年（一八一九）に開かれたという藤の木茶屋（今の「羽二重団子」）がある。

芋阪も団子も月のゆかりかな　子規

善性寺は、将軍家にもゆかりのある古い寺であるという。この寺にこそ、石橋湛山先生は眠っているのだ。
〔石橋湛山　石橋家〕と刻まれた墓は、奥行き約三メートルぐらいで、横の長さは約四メートルあるかも知れないシンプルな墓だ。ここには石橋家の《墓誌》も記されており、昭和四十八年に湛山先生が八十八歳で亡くなった後、建立されたものであろう。

《墓誌》には、

謙徳院殿慈光湛山日省大居士　昭和四十八年四月二十五日　石橋湛山　八十八才
清徳院殿妙香日善大姉　昭和四十六年八月九日　石橋梅子
大光院和彦日輝居士位　昭和十九年二月六日　石橋和彦行年　二十七才
慈光院倹徳日湛居士　平成十五年九月七日　石橋湛一　九十才

湛山先生の墓の真向いには、湛山の師匠であった望月日謙上人をはじめとする〔善性寺歴代の墓〕が、湛山先生を見下ろすかのように建っており、湛山先生も墓の中で、少し息苦しいと苦笑しているのではないかと思う。

石橋湛山先生の墓が、この谷中善性寺にあるのは師と弟子という関係からでありましょう。湛山先生の父杉田日布上人は、明治の日蓮宗教団を背負ったリーダーの一人であり、日謙師はその盟友であり、近代の宗門のあり方を指導した人物でもあった。二人とも、身延山久遠寺法主《ほっす》になり、また立正大学学長を歴任した高僧であった。

なかでも湛山先生は、十歳のとき日謙上人の許にあずけられ、そこで他の弟子とともに訓育された。

そういう他人の飯《めし》を喰いながら、便所掃除や庭掃除、部屋掃除などをし、上京し早稲田大学に入るまでの八年間、日謙師の寺で人生修行をした。この間、父や母に会ったことは一度もなく、父に手紙を出しても返事ももらえなかったといわれる。これも父日布の教育方針で、人間としての訓練であったのであろう。

しかし父も師である日謙も偉かったのは、「お寺に生まれた者は、必ず坊主になれ」ということを一言もいわず、そのかわり「正しい人になれ」と、父は語ったという。そうした親子関係で、湛山先生を見守っていたのであった。後年になって、湛山先生は父や日謙上人の「独立独行」の精神的躾《しつけ》をたたきこまれ、自らを省みる精神を植えつけられたことに、感謝をしている。

人の育つこと、育てることの、独立して行く精神のあり様を教えられる。自伝の名著の一冊にも数えられている『湛山回想』(岩波文庫)に、湛山幼少のころが書かれている。多くの人びとに読んでもらいたい湛山自伝だ。

そのような人材育成の上手だった望月日謙師が、山梨県甲府にある寺を離れ、住職をした寺が東京谷中の善性寺であった。

著者、石橋湛山墓碑前にて

そうした因縁《いんねん》から、湛山先生の墓は善性寺にあるのだろうと思っている。

若き日の湛山先生は旧制甲府中学（県立甲府第一高等学校）時代は、剣道をやっており、お酒も好きであったようだ。この中学で漢文を教えていた香川香南先生から、お酒の手ほどきや文学的素養を学び、大島正健校長からは、クラーク博士の教育観であった「ビー・ゼントルマン」の精神と、自由主義的な雰囲気（キリスト教的）の影響をうけた。さらにこの頃、青春のもつ恋もしたらしい。

ともかく、湛山先生のお酒の強さはよく知られており、秋田県出身の代議士で石橋内閣の官房長官や、労働大臣を歴任した石田博英氏も、その酒のことについてどこかで話していた。酒を呑んでも、酒に呑まれることもなく、乱れることがなかったということを。

さらに湛山先生のお孫さんで、現在「石橋湛山記念財団」の理事長である石橋省三先生も、立正大学学園新聞第90号〈二〇〇五（平成十七）年七月一日〉に、「石橋湛山先生　生誕一二〇年を記念して〝お祖父ちゃん〟の思い出」の小文で、お祖父《じい》ちゃんに見習いたいこととして三つほど挙げている。

その一つは、勉強家であったこと。どんなに夜遅くまで飲んできても、そのあと本に向かっていた姿。翻訳本が無い時代だったから、原書を読破していた湛山。

二つには、洞察力。大日本主義の幻想を叩き、小日本主義、地方分権、「人間中心」の産業、農業政策、最も大切な民主主義、言論自由、人権の尊重を生涯さけんだこと。三つは、凛とした行き方。自らの信念に従い、世論に恥じない足跡を残したことだ、と。そうした省三先生の言葉に、私は無言でうなずく。

早稲田で哲学や宗教学を学んだ湛山先生は、東洋経済新報社に入社し、独学で経済学を勉強し、原書などは通勤の電車の中で読んでいたという。そのようなエピソードを持つ、湛山先生が浮かんでくる。先生はさらに「読書」をするコツとして「一日一ページ」でもいいから、持続して読むことの重要さをすすめているのだ（『湛山回想』）。

こうしたお酒を愛し、通勤電車の中で勉強していた湛山先生も、今はお墓の中で、師である日謙上人と語りあったり、向かいの羽二重団子をときには喰いながら楽しんでいることだろう。甘い団子は酒を愛《め》でた湛山先生には、あるいは苦手としているかも知れないが、焼団子は生醤油の味なので、酒のつまみにもなるので、もしかしたら重宝していたのかも。

私は湛山先生の墓中のことをふと想像しながら、それなりに目の前の、名物団子を気にとめていたことだろうと考えてみたりしている。ほほえましい墓に居る湛山先生の面影が、また浮かんでくる。それにしても俗世のさわがしさとは別の、あの世で、日謙上人とどんな話をしていることであろうか。

やはり墓の中にあっても「師は師である」として、懐かしんでいるのであろうか。

著者、羽二重団子本店前にて

師と弟子の「墓問答」を考えてみたりするのも、それなりに面白いといえよう。

〈三〉　湛山先生の墓から漂う言論言説

石橋湛山の生涯の足跡や形跡については、今日専門家や研究者、文学者らによって多くの研究書や著書が出版されている。そうしたなかでも、石橋湛山記念財団の機関誌『自由思想』によって、「湛山研究」は留ることなくなされるであろう。

それらの研究書や著書にあって、主要な文献を挙げておこう。

『石橋湛山全集』全十五巻　東洋経済新報社
『石橋湛山日記』（上下）　みすず書房
『石橋湛山著作集』　東洋経済新報社
『石橋湛山評論選集』　東洋経済新報社
『石橋湛山評論集』　松尾尊兊編・解説　岩波書店
『湛山回想』　岩波書店
『湛山座談』　岩波書店
『雨新者』石橋湛山の言葉　非売品
『小日本主義　石橋湛山外交論集』増田弘編　草思社
『石橋湛山――占領政策への抵抗』増田弘　草思社

『石橋湛山——リベラリストの真髄』増田弘　中央公論社
『侮らず、干渉せず、平伏さず』増田弘　草思社
『石橋湛山研究』増田弘　東洋経済新報社
『異端の言説・石橋湛山』上下　小島直記　新潮社
『戦う石橋湛山』半藤一利　東洋経済新報社
『自由主義の背骨　石橋湛山』姜克實　丸善
『良日本主義の政治家』佐高信　東洋経済新報社
『石橋湛山』筒井清忠　中央公論社
『石橋湛山の思想史的研究』姜克實　早稲田大学出版部
『湛山除名』佐高信　岩波書店
『横手時代の石橋湛山』川越良明　無明舎出版
『石橋湛山——信念を背負った言説』石村柳三　高文堂出版社
『若き日の石橋湛山』浅川保　近代文芸社
『石橋湛山——文芸・社会評論時代』上田博　三一書房
『石橋湛山と小国主義』井出孫六　岩波書店
『日本リベラルと石橋湛山』田中秀征　講談社
『石橋湛山の戦後』姜克實　東洋経済新報社
『政治的良心に従います』江宮隆之　河出書房新社
『石橋湛山写真譜』石橋湛山全集編纂委員会　東洋経済新報社

『大正期の急進的自由主義』井上清・渡辺徹編　東洋経済新報社
『大正デモクラシーの群像』松尾尊兊　岩波書店
『大正デモクラシー』松尾尊兊　岩波書店
『私の履歴書』⑥日本経済新聞社編　日本経済新聞社
『苦悶するデモクラシー』美濃部亮吉　角川書店
『昭和怪物伝』大宅壮一　角川書店

これらの他に、雑誌や新聞紙上でも湛山先生は語られているので、その資料は多くて手がつけられないほどだ。石橋湛山研究の単行本や文章は、増々書かれて行くことでしょう。

湛山先生を知るには、以上のような全十五巻の『全集』や上下の『日記』、それに湛山研究者の著書にあるであろう。そう断言しながらも、私がここであえて申し上げておきたいのは、今年の夏に文藝春秋社から出た（平成十八年八月臨時増刊号　わが愛する日本特別企画　代表的日本人　〇〇人を選ぶ）で、「日本の歴史にあざやかに光芒を放つ、誇るべき日本人は誰か。」のテーマで、歴史に造詣のある杉本苑子（作家）、藤原正彦（お茶の水女子大学教授）、半藤一利（作家）、松本健一（評論家）の四人が対談をし、語っている。

そのジャンルは「日本の社会を変えた改革者たち、痛快な生き方で歴史を騒がせた英雄たち、宗教家、文化の創造者、輝く女性たち、科学者たち、教育者、経済人、近代を創ったひとびと」などの九分野に及んでいる。

石橋湛山先生は「近代を創ったひとびと」の一人として、対談「代表的一〇〇人を選ぶ」に入っているのだ。この対談企画は、かつて百年ほど前にキリスト教の文化人として著名な内村鑑三が『代表的日本人』（英語版　一九〇八年）を著わし、わが国民の長所を世界に知らしめるため五人の人物を論じた。

西郷隆盛、上杉鷹山、二宮尊徳、中江藤樹、日蓮上人についてであった。私も昭和四十年代の昔、岩波文庫にあった内村鑑三著『代表的日本人』を買って読んだことを思い出す。

それにつづく現代版「代表的日本人一〇〇人」の企画ともいっていい。言論人で思想家であった石橋湛山も、歴史の位置づけのひとりとして評価されていることが知れる。

もう一つの特集は、やはり文藝春秋社の企画であった（平成十四年十二月臨時増刊号　特別版「日本人の肖像」）で、日野原重明先生（聖路加病院理事長）が「日本人の肖像としての石橋湛山先生」を実際診察した医師の立場から、書いている文章。

このような対談や文章には、「人間湛山」のことが温かな眼から述べられているのだ。人間湛山先生のエピソードや人性《にんしょう》がよく語られている。

最後にもう一編つけ加えておこう。

平成十八（二〇〇六）年三月十五日に第一刷として発行された、佐高信『佐高信の新・筆刀両断』（講談社文庫）の小評論《コラム》に「武器になる湛山」という一編がある。そのコラムで佐高はいう。

一九六〇年十月十二日、日比谷公会堂で当時の社会党委員長であった浅沼稲次郎が十七歳の右翼少年によって、刺殺された事件があった。その凶刃は、湛山先生をも狙っていたというのだ。

この当時、テロの対象になっていたのは浅沼稲次郎の他に、日教組委員長の小林武、共産党議長の野坂参三、部落解放運動のリーダー松本治一郎、さらに自民党の中の容共派と知られる湛山先生と河野一郎であったといわれる。

そしてつづけて佐高はいうのだ。

「当時の自民党の総裁は池田勇人なのに、すでに総裁の座を退いている湛山が標的とされたのは、右翼から見て湛山が〝危険な政治家〟だったからだろう。湛山を恐れる者たちは、〈問答無用〉として言論を排する点で共通している」と。

湛山先生は日本の生んだ言論人にあって、もっとも「言論と自由」の大事さを訴え、さけんだジャーナリストであった。そのために生涯を闘ってきた「信念の言論人」であった。

右翼の人から見れば、そうした湛山の言論人の精神、政治家の姿が危険な人物として、恐れられていたのだろう。

私はこの佐高信の小評論を読んだとき、改めて湛山先生の強い信念と哲学を背負った人間石橋湛山を思念してみた。日本の歴代の宰相に於て、湛山先生ほどふかい見識と知性をもった人物はいなかったのではないか、と。

右翼はそういう湛山先生を知っていたのであろう。

またさらに、今日政治問題、外交問題となっている「靖国神社」についても、終戦直後「靖国神社廃止の議」の論文を発表し、主張していた。そしてこの「靖国神社」の問題が、後のちまでも時代の禍根として残るであろうと。

現在再び、大きな問題となっている「靖国神社」を予見、洞察していたことに驚く。

なかんずく八月十五日の終戦記念日には、小泉首相が参拝し、テレビや新聞紙上をにぎわした。そうした小泉首相の参拝のあり方に、注文をつけ、批判した山形県出身の国会議員で、有力な政治家であった加藤鉱一の実家を、右翼の人が火をつけて焼いてしまうという不幸な事件が起きた。八月十五日の「終戦記念日」にである。ここには「問答無用」として、言論を封殺する風潮がある。恐ろしいことといわねばならない。

「言論弾圧」や「言論封殺」こそが、民主主義の敵でもあり、自由主義社会の敵でもあることを私たちは知らねばならない。加藤鉱一代議士は、そのような言論を封殺しようとする輩とは、断固たたかう姿勢をみせていた。大事な主張である。そして大事な批判でもある。

明治の末期から、大正、昭和と一貫して軍部という権力と民主主義、自由主義のために「言論の自由」をさけんだ湛山先生は、その生涯を昭和四十八年に終えて、東京谷中の小じんまりとしたお寺である善性寺の片隅に眠っている。

この《墓中》には、今も脈々と仏典で説かれる「雨新者《うしんじゃ》」のごとき精神が棲《す》み、つつまれている。天空に放つ民主主義とそうした言論言説の精神。そこに「當身《とうしん》の大事《だいじ》」のごとくつつまれてあるのは、現在を洞察した、未来への夢と希望をつくり出す精神であったろうと思っている。

とくに若者に欠けているものについて、湛山先生は語っている。

現代の日本人に欠けているものは、未来をつくりだす夢ではあるまいか。

酒を愛し、学問を愛し、人間を愛し、信念を愛し、言論の貴さを愛した湛山先生が、向かいの名物である羽二重団子を肴《さかな》にして「幻の墓中酒」を呑んでいることであろう。だがそうしたほほえましい湛山先生の姿とともに、沈黙と静謐の世界に棲んでいるのは、湛山先生の死者の姿だけではない。その背骨となっていた言論人の信念も、鋭い主張も、滅びることのない言論人の魂とともに眠っていることを忘れてはならないだろう。

墓のもつ深遠の貴さに含まれている不滅の精神。その言論言説の声となって――。光り入らぬ湛山先生の墓は、静謐な魂の眠る場所なのだ。すでに何回もいってあるように、酒と名物焼団子を愛でながら、「墓の存在者」として、永遠に言論の重大さを天に放射して行くことであろうと、私は信じている。そうあって欲しいと思っている。

湛山先生を思念し駄句二つ詠む。

墓の中静かに愛でる酒団子　(石)

墓の中蟬の声聴き盆酒か　(石)

〈平成十八年八月十七日(木)、谷中善性寺　湛山先生の墓を訪れて〉

石橋湛山の心情と句眼

――かたつむり動かぬようで早く行く

〈一〉

いわゆる文化人が描く身近な絵に、南画というものがある。これに短い章句を加えたのを、絺章《ちしょう》絵句《かいく》ともいう（『大字典』上田万年他共編　講談社）。

この南画は中国に興り、我が国では江戸時代中期からで、池大雅や与謝蕪村らが知られる。また別名を文人画ともいう。主に、日常性で庶民的な心象物や風景描写が、印象的であるのが南画の独自性でもあろうか。

こうした南画をある一時《ひととき》、石橋湛山は書道と共に専門家に学んだ。ＧＨＱによる理不尽な追放期間のころであったと思われる。湛山の肯定的精神の解放、捉え方、見方から、信念を背負った言論人、政治家として、否《いな》もっと強く言えば、一人の思想者としての足跡とその心音を残した絵句画の、珍しい一幅とも呼べよう。貴重な石橋湛山研究の文芸的で、文化的な人間性の資料ともなり、ほほえましい精神の暗示をつつんでいるからだ。

それにもう一言加えるならば、湛山の生涯に著作された言説が二千編以上とも言われ、それも膨大な『石橋湛山全集』全十六巻（数年前に再刊）、『石橋湛山日記』（上下）があり、まさしく近現代史を歩いた不朽の人物、稀有の思想者として語られている。講演や対談、翻訳は全集に収録されていない。むろん言うまでもなく、絺章絵句の南画や俳句も所収されていない。それだけに前述したように、湛山の手になる絵句は貴重な一面を持つのだ。人生の音色をそれとなく響かせ、鳴らしている感性があるからだと断言できようか。

石橋湛山という人間の心情と、句眼を内在した表現者としての豊かさ、優しさをイメージしてくれてもいる。絵と句のコラボ精神をなしつつ、そのような想念を浮かばせて。それでは、その湛山の珍らしい絵句を語っておこう。

かたつむり動かぬようで早く行く

筆を駆使しての薄墨のかたつむり。句の文字の走り。湛山という花押《サイン》と角判。庶民的な作者の湛山像が思念される。

そこでまず、ここでは湛山絵句の詳しい批評は避けて、この絵句の出自というか、使用されている雑誌（小冊子）の表紙について記しておこう。それは立正大学発刊の「立正学報」を飾っていたもので、すなわち《「立正学報」第二巻第二号（一九五七（昭和三十二）年五月二十五日）の表紙に寄せられた絺絵の句》の解説があった展示物。

そうしたことから、当時の「立正学報」と石橋湛山の関係を絡め少しばかり論じなければならない。

石橋湛山は、戦後吉田内閣の大蔵大臣となり活躍したが、日本を占領していたマッカーサー（GHQ）とある政策によって対立し追放された。国民の耐える貧しさを、少しでも減らそうとする石橋蔵相の政策を認めようとしない、GHQと戦い追放されたと言われている、昭和二十二年の頃である。それから、四年ほどして追放を解除された湛山は、衆議院議員の選挙に出馬しようと忙しかった。

そのような昭和二十七年、立正大学の学長として、大学当局や日蓮宗門から強く押され、断わり切れない立場の因縁により学長を引き受けざるをえなかった。その因縁は石橋湛山が日蓮宗門の指導者であった杉田日布の長男として生まれ、父日布は立正大学長、身延山久遠寺法主《ほっす》となり、かつまた育ての親としての大恩ある望月日謙も、立正大学長、身延山久遠寺法主となり、活躍した。

かような実父と育ての親の日謙師とは宗門の盟友であったこともあり、そうした事情により、立正大学長を引き受けざるをえなかったと語られている。

かくして湛山は、衆議院議員と立正大学長の多忙の身として、どちらも重い責務として行動して行くのであった。後に総理大臣に就任した時も、立正大学長を辞任しなかったのは、教育というものの重大性を認識し、百年の計の大事さを知っていたからだと言われている。

〈二〉

石橋湛山や立正を愛する教授や関係者、学生によって血脈してきた「立正精神」は、二年前の二〇一二（平成二十四）年の、立正大学開校一四〇周年の行事に当り、いろいろの催しが行なわれた。その一つに特別展としての「石橋湛山と立正大学」があった。

立正大学中興の祖として今日の大学再建に尽力した石橋学長の姿が、具体的な形で捉えられ、讃えられたイベントであった。

私はこの湛山に関する特別展を、何としても参観したいと思っていた。

一四〇周年の記念行事の「石橋湛山と立正大学」展には、十月十三日昼頃に訪れ参観した。じっくり特別展を見た後、この日の「国際シンポジウム」にも出席し、ハーバード大学のヘレン・ハーデーカー教授やライデン大学のイフオ・スミッツ教授の基調講演、つづいてのパネルディスカッションを聞き帰宅した。

なかでも、大学と湛山展に於いては、「立正学報」の〈かたつむり動かぬようで早く行く〉の絵句の表紙に興味を引かれ、写真を撮り、メモを取っていた。本当に私にあっては、強い印象であり、一つの人間のふかさを知らされる湛山精神の感性でもあった。そして、その信念の暗示を放つ、人間湛山の声でもあったからだ。そのような心音を言説している、印象ある一句であったからであろう。

換言すれば、かたつむりにもこうした根源的な存在の心音というか、生きて這う跡を残す粘液の命がある。梅雨どきの、あのあじさいの葉に示す粘液の生きる生存の姿の径《みち》。

動かぬゆっくりさとのんびりさを、どうどうと進む体に似合わぬ大きな殻を背負って歩みをなす、独自性の進行形。その粘つかす存在のかたつむり径は、自然の摂理《せつり》としての意志力を引きずっているようでもある。粘液という力ある意志に、かたつむりのありようの徹底した這い方を覚える。

石橋湛山という人物もまた、その人生というか、人間としての内在されふかめられた、転化の見方や、歩み方の精神。つまり信念に存在する人としての意志の力と、意思認識をぶらさげている生き様のさけび。

そこに作動しうごめく、思想言論人としての内在の眼が、《徹底性の認識》となって進む、感覚の鋭敏さと真摯の姿をなして。

そうした石橋湛山の内在転化のさけびが、信念の粘液となり、自らの矜持となっている事が知れよう。湛山が若い頃から口にし、言葉にした《徹底的智見》はそこにあったろう。

その行動的姿が、「かたつむり」の粘つかして歩む姿にも重なり、私の強いイメージともなっている。

さらにこの句の「動かぬようで」の心情に、湛山の青春時代であった山梨県立第一中学校での二回の落第や、第一高等学校受験の二回の失敗などが、良い意味で投影されているといっていい。湛山の自主性や独立的人生の何たるかを、少なからず与えてくれた、クラーク博士の教え子であった大島正健校長との出会い。

また漢文の教師で、文学的素養やお酒の情味を教えてくれた香川香南先生。こうした人生にも影響を及ぼした恩師との相逢《そうふ》は、急ぐばかりの歩みからは、なかなか生まれないものでもある。キリスト教徒の世界観のある大島校長との急ぎのない出会いは、石橋湛山という人物形成をなした一つの力でもあったといえよう。

もちろん、それと同時に湛山の宗門出自としての立場、なかでも日蓮上人の独立独歩の眼を大事とした、真理へのさけびの姿の影響なども忘れてはならないであろう。中学の頃には、日蓮の遺文を読んでいたし、あの『開目抄』などを毛筆しているからだ。いずれにせよ、湛山は「かたつむり」の出す根源的な粘液のごとく、意志の力に回路する徹底的智見と、信念の頑固さによって人生を行動した。

つまり石橋湛山は人生や社会に必要で、自らの大事としなければならないのは、言行一致であり、その生き様であり、それを急がぬ生涯の自燈明としたことだといえようか。

信念としての頑固さは、湛山の智見の眼となり、人格となり、早稲田で学んだ田中王堂先生や島村抱月先生、姉崎正治先生などの恩師の教えに応えて行く。


〈三〉


「動かぬようで」の青春時代の湛山。それも「急がば廻れ」のことわざのように、ただ急げばいいというものでもない。かたつむりのごとくスローであろうとも、独自存在の歩む信念の粘液を出し、自らの道を行く意志の力。その自らの力で進むべき道を行く人は、いつの間にか、自らの人生を歩いているものでもある。運命ともいえる人生を引きずり。

鈍間《のろま》な進行形、もしくはかたつむりのような歩みでも、命をかけて歩んでいる精神には、のろまも、急ぎの人生もない。大切なのはその生き様であろう。

石橋湛山はその生涯をかたつむりのごとき、言論人として生きた。むろん政治家でもあったが、それは言論人としての民主主義、平和主義の口先だけの評論家ではなく、じっくりと色読《しきどく》（身をもって読む、実践する）という行動者であり、哲学を背負った政治家であった。思想者としての誓願をぶらさげた、言論人としての顔を持つ人物でもあった。

晩年の訪中や訪ソなども、世界の平和や個人の平和を願う、人間石橋湛山であったといっていい。前述した色読は、仏教的な読み方で、命をかけた実践、行動の人生のことだ。湛山が生まれた日蓮宗の祖師、日蓮上人はその色読の一生であったし、石橋湛山もそうした立場で捉えるならば、言論人や政治人を超えた思想者であったと、私は思っている。動かぬようで動く、それも言行一致を大事とした人間として。

石橋湛山の生き方は、民主主義、平和主義を願い、戦争を批判し、軍部を批判し、侵略を批判し、厳しく大日本主義の幻想を否定したものであろう。粘液を出し、自らの道をつけるかたつむりのように。そこには「動かぬようで」あるが、いつの間にか進み、時代をかけぬけて行く湛山の姿があろう。あじさいの葉を動かぬごとくノロリ歩むかたつむりも、いつの間にか進んで見えなくなっているようにだ。

自らの意志の力や、そこに流れる自己認識の粘つく信念の生き方こそ、まこと尊いものであるかも知れない、そう「粘つく信念」にだ。

かたつむりの存在を示す、未知の道に印《しるし》て行く粘液。その消しえぬ魂の粘液。

一歩一歩行く孤独のような人生も、自らを燈明として進めば、たとえ鈍間であろうともその意志の持続によって断絶するものではなく、続いているものである。そこに動かぬようで「早く行く」力と精神があるのだろう。

かたつむり動かぬようで早く行く

の石橋湛山の絵句は、そうした人生の存在、あるいは自らの思念や認識の捉え方、意志という信念に連なる心の音を暗示している。

日本の近現代史に不朽の足跡を残し、そしてまた『石橋湛山全集』十六巻、『石橋湛山日記』（上下）の著者の湛山が、数少なく、珍らしい俳句を詠んでいたことに、私はやすらぎのような心情を味わい、ふとほほえんでいる。

ともあれ、人間湛山に粘つかされ、徹底する精神の重要性を知らされた。生きる力としてである。

そう、そこに人間湛山の山脈は温かくふかい。

最後に拙い私の句を二つ…。

粘る道みずから生むやかたつむり

殼背負い進めぬ人のかなしさや

第二章　湛山・平和精神の水脈

「山梨平和ミュージアム――石橋湛山記念館」理事長で平和史学を語る、浅川保先生への手紙

――新刊書『地域に根ざし、平和の風を』浅川保著（平原社）を読んで

〈一〉

〔序〕本書で語られる近現代史の人間像、石橋湛山や吉野作造、鈴木安蔵、浅川巧、柳宗悦、朝河貫一、家永三郎、磯貝正義らの思想を通底しながら――。

若葉の緑が日増しに目と身にしみこむ今日、浅川保先生におかれましては如何お過ごしでしょうか。多分先生は若葉を見つめ、情熱とエネルギーパワーを得て、仕事への思念を蓄えている事でしょう。ところで、過日は先生の御高著『地域に根ざし、平和の風を』を恵与たまわりふかく感謝しております。ありがとうございました。

早速少しずつですが拝読しまして、面白く興味ぶかく、浅川史学の日本の近現代史の捉え方（方法論）及び、先人の思想者として地域に根ざした人びとの、反戦や平和を考察した論考に学ばされ、教えられております。

この一書の簡単な構成というか、目次について記しておきたい。

就中《なかんずく》、これらの構想や項目にあって、石橋湛山の近現代民主主義への思想や、大正デモクラシーの民本主義者吉野作造、さらには日本国憲法につなげる吉野や鈴木安蔵、民芸運動の創始者で文芸同人「白樺」の一人であった柳宗悦、また柳宗悦のふかき理解者で、朝鮮総督府の林業技師浅川巧《たくみ》（山梨県出身）による、李朝白磁や木工品の芸術的価値を、世界的に光をあてる歴史的な糸口、そのような民芸的美や価値を紹介し、朝鮮文化を高く評価し宣伝した。

その浅川巧という人物を浅川保『地域に根ざし、平和の風を』で知りました。この浅川巧という人物については、江宮隆之さんに伝説的小説『白磁の人』があると言う。

家永三郎先生や磯貝正義という、歴史学者の来歴もまた興味をもち拝読。

国際歴史学者で平和主義者であった朝河貫一（早稲田大学出身）については、私も関心をもっており、とくに朝河の研究者であった阿部善雄『最後の「日本人」――浅河貫一の生涯』（岩波同時代ライブラリー　初版）を入手し、目を通していた。

なぜ阿部善雄の名前を知っていたかについては、阿部先生は東京大学史料編纂所教授を定年退職後、確か立正大学史学科の教授に就任されていたが、体調をくずし立正の教授のまま亡くなっていたと記憶しているからです。

阿部先生の『駆け入り農民史』は、名著ともいわれております。立正大学に縁があり教授となられたのは、もしかしたら立正の史学科教授で、中世史専攻の中尾堯博士の関係によるものであったかも知れない。

中尾先生は、立正大学の晩年に「日本古文書学会」の会長になられたが、同じ古文書学者として付き合いがあったかも知れません。

そういう意味での立場から、『最後の「日本人」――朝河貫一の生涯』を手に取ったと思っている。「山梨平和ミュージアム――石橋湛山記念館」理事長浅川保が、福島県での高校で阿部善雄先生の後輩であることを知りました。また浅川先生の高校のＯＢ（旧制中学）には、あの名のある雑誌「太陽」の編集者で、文学者としての高山樗牛、朝河貫一、作家久米正雄、小説家中山義秀らを輩出していたことに、目を見張りました。

浅川保先生も、彼等の文学者、学者、作家の学んだ学校の系譜に連なっているのですね。とくに高山樗牛は、山形県鶴岡市出身で、福島県の旧制中学に学んでいるところが面白い。

明治の美文調文学の一人であった樗牛は、私もよく手に取り読みました。貴重な増補縮刷『樗牛全集』六巻（編者　姉崎正治・畔柳都太郎・笹川種郎　博文館　大正三年六月刊）も手許（本棚）にあります。

この『樗牛全集』を出した博文館は、その当時の一流出版社であったと思う。

さて、日本国憲法につながる系譜というか、血脈の精神を背負った鈴木安蔵も、福島県の出身でその大きな仕事を遺した、護憲派の学者として知られております。私もつよく興味を持っている人物です。

浅川先生の本書で、「日本国憲法」史にも足跡をつけた鈴木安蔵を語っていることに、ふかく共感して読ませて頂きました。この護憲派学者鈴木安蔵には、名著、もしくは貴重な文献ともなっている『日本憲法学の生誕と発展』、『憲法制定前後』などの労作がある。

そこで、ついでに述べておけば、鈴木安蔵は晩年というか静岡大学から立正大学に迎えられ、熊谷キャンパス（教養部）で教授の任についています。その教養部の教授時代に、立正大学教養部論集『ＬＯＴＵＳ《ロータス》』一〇号（教員と学生の寄稿によるユニークな機関誌と言われた）に、自らの青春時代というか、京都大学に学んでいたとき、マルクス主義に走り、そのため京都大学を中退し独学で憲法史や憲法を勉強したと言う。

そうして京都大学の頃、まだ若き浅野晃や水野成夫らのマルクス主義（共産主義）指導者の下で、命令を受け運動をしていたのが鈴木安蔵本人であったという。そういう深い関係が浅野晃と結ばれていた。

けれど、その浅野も昭和三年の〔三・一五事件〕にて逮捕された。その後マルクス主義から転向した。京大学生であった鈴木安蔵も、「学生社会科学連合会」の組織活動が治安維持法に触れたということで検挙され、大学を退学した。

そのような、暗黒の共通世相の色に生きた二人が、白髪が生える高齢になって、立正大学熊谷校舎で数十年ぶりに再会し、互いに「おう、おう」と手を取り合って感激したと言われる。人間としての消えうせぬ、結節の眼の懐かしさの心情がせつせつとして、執筆した『ロータス』に語られている。《足の眼》という、人として経験し歩まねばならなかった戦前戦中や戦後の、世の中の一コマの夢か幻かとして。

ところで、私が申し上げるまでもなく浅野晃教授は言わずと知れた、保田與重郎らの『日本浪漫派』に参加し終戦まで、民族主義的な評論家として活躍した。戦後、左傾の文化人から「転向者」のレッテルを貼られ、攻撃を受けた。平成に入り亡くなったとき、『日本浪漫派』のただ一人の生き残りとマスコミで報道された。

日本共産党の戦前の指導者として、京都大学生の鈴木安蔵とは切っても切れない面識があったのだ。ところで浅野晃は、柳田國男や佐藤春夫にも師事していたが、世間にはあまり知られていないようだ。

〈二〉

まだ若かったであろう浅野が、京都大学の学生であった鈴木安蔵に、共産主義の指導命令の立場で接していた事実を知った時は、私は、びっくりしたものだ。

戦後、詩人として詩を書いた浅野は、一九六四（昭和三十九）年第十五回「読売文学賞」を、浅野晃詩集『寒色』で受賞。

私はその詩集『寒色』（第二版）や、詩集『草原』を浅野晃が立正を退職する昭和四十年代頃に、署名入りで進呈され読んだ。うれしかった。もう一つ忘れられない浅野先生との記憶は、研究室に来ておられたその帰りに、五反田駅に行く途中のソバ屋で、ソバをごちそうになり、日本浪漫派の太宰治や評論家の大宅壮一の若い頃の話を聞いた。

「わたしは太宰治が嫌いでね」とか、若い頃の大宅君は「天気が良いのに長ぐつを履いて学校に来るんだ」。それに「三高のときは、ドイツ語は先生よりも出来たね」と、口をぐにょぐにょ、ニコニコさせながら語ってくれたのが印象に残っている。

戦前のマルクス主義指導者が、獄中につながれあの「獄中転向」した浅野晃は、戦後の厳しい日常生活や、「転向者」という批判を受けながら耐えて生きた。

そして戦争中、戦いで死んで逝った人達に「天と海」の鎮魂の詩を書き、自らの責務として献げた。想うに、戦争への悔恨の心情をうたった「万の無明の中に」の詩篇に、そのこころがあろうか。

そこで、その浅野の心境の詩をここで見てみよう。

万の無明の中に

万の無明の中に
一人の覚者ありと知るとき
われ憂愁のなかにして
畏れのこころ生ず

われ
生きねばならず
悩み往かねばならず
終ることなく
一人の覚者
永劫の忍苦のなかに
われとともにありと知るとき

（浅野晃詩集『草原』より）

浅野晃は、そういう心情というか、立場に置かれても、自らのロマン主義派者の生きる精神は捨てず、その生涯を了えた。一九九〇年一月二十九日に死去。享年八十九であった。

浅野晃が、立正大学教授になったのが一九五五年。その当時すでに、石橋湛山は第十六代の立正の学長の職にあった。正式に言えば一九五二（昭和二十七）年に学長に就任していた。それから十六年間学長として、立正精神の内在した人間を育成するための、教育と研究の場に力を注いだ。昭和四十三年には学長としての職を去り、名誉学長となる。

教育者としての湛山先生の言説は、『石橋湛山全集』全十五巻（そのうちこの全集が再刊されるとき、新資料が一冊に補完され全十六巻となる）に散見されるが、立正の学長としての言論・言説の多くは『石橋湛山全集』の十四巻に所収されている。

石橋湛山は近現代民主主義の旗手の思想者として、言論人、政治家、教育者、宗教者としての信念の顔を持ち、時の輿論者としての自由主義者、平和主義者の人物であった。それに言行一致の活動をし、二十世紀の近現代史に足跡を刻んだ稀有な存在として捉えられ、評価されている。

立正大学で、日本浪漫主義の一人として教授になった浅野晃先生と、立正の学長であった石橋湛山とは、教授会や何かの学術行事で何回かは面識があったと思っている。

いつだったか詳しい年月日は忘れたが、確か国文学科の「浅野晃の話を聞く会」だと認識しているが、たまたま大学に足を運んでいた私はこの「聞く会」に出席することが出来た。その時、石橋湛山を立派な人物と称していたのを思い出す。

それから私が立正の四年の頃であったと思うが、羽仁五郎という歴史学者が立正で講演した。その話の中で、石橋湛山学長のことを、立派な人物であったということを思い出す。

次に、第二部の「近現代史をどう捉え、どう教えるか」では、山梨県立大学で日本近代史を教える浅川保の論考を面白く読ませて頂きました。

その文章の中でも、特に勝海舟と石橋湛山・坂本龍馬・中江兆民らに通底する指摘は、なるほどと納得されるものがあり、うなずく。

時代を見抜き、改革しようとする信念、はたまた実用実学主義に共通する思想も、包含されていたことでもあったろう。湛山の場合はそれが、若き日に影響を与えられた実用主義《プラグマティズム》の見方、そこに流れる民主主義への思想に回流していることであるかも知れない。

中江兆民の生前の遺稿であった、『一年有半』や翻訳したルソーの『民約論』なども、湛山は山梨県立の旧制中学校（現甲府一高）時代に読んでいた。そうした文章を旧制中学の『校友会雑誌』に七編発表していた。その中の一編に、「湛山随筆」という一九〇一年十二月発行の二頁ほどの短い文章があったという。

その随筆に中江兆民のことを『一年有半』にみたが「気骨のある、面白い、当代には得難い人物である」と、高く評価しているというのだ。ついでに加言すれば、実用実学の仕事というか、主義《イズム》としての日本の先駆者は、福沢諭吉に見ていて尊敬していた。話を元に戻そう。

かような旧制中学の『校友会雑誌』の資料から、湛山が、晩年の兆民の著書を読んだことを証明した。

この未発表の資料を発掘し、発見したのが、一九八六年に甲府第一高等学校で教師をしていた浅川保先生であった。こうした歴史学研究の姿勢から発見した若き湛山の資料は『若き石橋湛山―歴史と人間と教育』（近代文藝社）となり出版された。だから甲府一高で見つけた若き湛山像の文章は、石橋湛山研究にあっても大きなしごとであったと言っていい。

まさしく浅川保の足跡をなした資料発見であり、調査の努力であったと申し上げても過言ではない。十数年前に『石橋湛山全集』全十五巻が、再刊されたとき、湛山の旧制中学のこの資料と婦人問題に関する新資料とともに、補完された一冊となり、全十六巻となった。むろんこの『湛山全集』には講演や、英語の文章、翻訳の文章も入っていないと言われる。さらには「湛山の日記」も入っていない。『湛山全集』各一巻はそれぞれ平均六百ページ以上になるもので、その中には上下二段に組まれてある巻もある。これに講演や英文、翻訳、日記などを加えると約三十巻にもなると語られている。ただびっくり、おどろくばかりだ。いずれにせよ、これだけの大部の一冊を、全十六巻の全集とした言論人というか、宰相は世界を見廻しても稀であろう。

尚、湛山の日記は、もう十数年になるであろうか、『石橋湛山日記』（上下二巻）としてみすず書房から出版された。

私はこの『石橋湛山日記』を、石橋家で湛山先生の書籍を没後に整理をした、立正大学仏教学部大学院の講師であった桐谷征一先生から、出版されてまもなく進呈された。湛山研究のことを少しばかり書いていた貧乏詩人の私に、研究の資料にと送付されたのかも知れない。桐谷征一博士の温かい励ましに、ただ感謝した。その『石橋湛山日記』を何本かの湛山についての、私の文章に使用させてもらっている。

とまれ、本書『地域に根ざし、平和の風を』の「第三部　地域に根ざし、平和の風を」の項目も、ふかい関心と共感をもって味読。山梨歴教協の仕事や、山梨県の戦争遺跡―ネットの活動と教材について。山梨平和ミュージアム建設の意義、その平和ミュージアム「石橋湛山記念館」を介しての、湛山先生の山梨県人としての誇りと平和理念。

さような歴史を学び、歴史を創るということの大事さ。その精神の内在と呼応。かつそれらの行動としての有り様。例えば日本国憲法の歴史的な作用や、国際的意義などが論じられ、叫ばれている事だ。

〈三〉

浅川保という個としての歴史観と、その地域に根ざし、こつこつと身に読む実践を歩いてきた一人の人間の生き様を、個人史や他人史を浮かび上がらせて語っているのが、この一書である浅川保歴史学の重要さであろう。

浅川保という、一人の真実真味のある史学者の歩みを仏教では、身を以って読む〈色読《しきどく》〉という。つまり一途の道を往く自らの身を実践することを色読というのだ。「色《しき》」は梵語で、身と訳されるという。

就中《なかんずく》、高校の教師としてのその現場から生徒や世間の歩んできた日常の歴史を視つめ、県立女子大学で日本近代史と民主主義の精神を教え、その平和主義の活動家、すなわち「山梨平和ミュージアム」の理事長としての仕事をしてきた。「石橋湛山記念館」及び、山梨県民の歴史を身近に感受させる、大切な歴史教育者である浅川保という人間。そのような歴史学や人間学を経験して主張しているのが、重ねて宣べる『地域に根ざし、平和の風を』だ。つまり、足の眼で歩かれ、内在された歴史観を切せつと語っているのが、新刊書として私に届いた本書なのだ。

私は、この浅川保の著書に出会えてうれしく、甘露の気持ちであります。ありがたいことだと思っております。これも縁あって相逢《そうふ》（出会い）した一冊の本だといえようか。

私に於いては、特別に興味と愛着を以って味わって読ませてもらったのが、「先人の思索に学ぶ、反戦平和」の文章であった。ありがとうと感謝しておきたい。むろん、この著書の全編を共感しての気持を込めてでもある。

〔推薦の言葉〕の歴史学者、色川大吉先生の文章も、人生のふかさの味の流露した声がある。色川先生は東京経済大学の教授であったと覚えているが、その歴史観は庶民の目を添えた、民衆史観というか、視点にあったと理解している。私も色川大吉の著書、『燎原のこえ　民衆史の起点』（筑摩書房）などを入手して読んでいる。日本近代史の第一人者の学者であった。

この色川大吉の推薦の言葉もいい。

どこか浅川保という歴史の視点の捉え方というか、方法論の史観は庶民という「民衆史」を主人公とした、色川史学と共通する眼が有る。そんなことを色川大吉の推薦の言葉に感じている。

以上のようなことから、私は大正デモクラシーのことや、この一書で取り上げている人物、石橋湛山や吉野作造。さらには鈴木安蔵、朝河貫一、歴史学者磯貝正義などを、多くの人たちに学んで欲しいと願っている。山梨県が生んだ石橋湛山の「小国主義」や、「大日本の幻想主義」の批判、非戦に通ずる言論言説を是非知ってもらえればうれしいと思う。

かくして詩を作り、感性の思念をうたう詩人たちにも、浅川保の『地域に根ざし、平和の風を』を目にして欲しいと、素直に私は思っている。

なぜなら今日の、どこか右傾化しつつある世相の「憲法改正」や「平和問題」。その中心話題となり、日本の世論となろうとしているのが、日本国憲法の「九条の問題」である。

石橋湛山は日本が、軍備拡張や増強で行くならば、日本は滅ぶとさけぶ。それゆえに、そういう権力欲の人物には政権を渡してはならないと批判。憲法「九条」については、それを守らねばならないとした。晩年の石橋湛山はその戦争放棄の「九条」を、強く守れと主張している。平和主義や民主主義、個人の自由を大事とした徹底的自由主義者で、その一生を非戦の思想で通し、言説した石橋湛山なればの「九条」としての信条でもあった。

石橋湛山という人間には、仏教徒としての慈愛の平等和平精神。キリスト教的な博愛と自由精神からの、平和を愛する誓願の心情があったと言っていい。

「誓願」は、仏教徒のこころの平安へも通底する大願で、仏教の和平心情のふかさをつつんでいる精神なのだ。湛山の平和を希み、平和を大切にする信念は、そうした立場の位置からも、「九条」の非戦の流れる思想を守らねばならないとする。

日本国憲法の「九条」の重さと、大事を當身の思念として主張している、浅川保の史学者の眼目とさけびが、此の度の著書にあると言えよう。私はそう思って共感し、読んでいる。

そこには、若き日の言論人の湛山が投げかけた、「問題の社会化」へ問いかける、転化の主張としての提起があろう。そのような似た心情が、著者浅川保の本書にも感受できよう。否、絡んでいると断言してもいい。

浅川保という歴史を語り、論ずる、史学研究者の一人として、益々すぐれた日本近現代史の人物に光明を当てて欲しい。

「石橋湛山記念館」の理事長として、「石橋湛山研究」の新たな一書を期待しております。反戦主義、平和主義者として、地域に根ざした歴史の活動をする浅川先生の足音に、人間としての共感のうれしさを覚えております。

そのためにも、どうかくれぐれもご自愛して、健康に留意して毎日を過ごして下さい。

最後に、そろそろこの手紙的エッセイを擱筆するにあって、浅川先生の御高著『地域に根ざし、平和の風を』の批評感想の遅くなったことを、心から申し訳なく思っております。

言い訳のようなことを申し上げることになりますが私は、ここのところ調子を崩すこともあり、ときには力も入らず、そのため筆を執るのが遅くなりました。ご寛容下さい。

拙い感想というか、ひとりよがりの批評になってしまい申し訳なく思っております。
どうか重ねてご寛容下さい。　合掌

石村柳三拝

二〇一五年五月某日

浅川保先生

御侍史

〔付記〕浅川《あさかわ》保《たもつ》先生の略歴

現在「山梨平和ミュージアム――石橋湛山記念館」理事長、山梨県立大学講師。

一九四五年福島県に生まれる。東京大学文学部日本史学科卒業。その後、山梨県立高校の教師になり、県立高校を歴任。甲府第一高校勤務のとき、日本近現代史の研究者でもあった浅川は、言論人として活躍した石橋湛山が一高の卒業生であることを知り、その旧制中学生の頃の『交友会雑誌』に発表した文章を七編ほど発見し、石橋湛山研究に努める。編著書に『若き日の石橋湛山』『偉大な言論人　石橋湛山』『地域に根ざし、平和の風を』『山梨の戦争遺跡』『伝えたいあの戦争』共著に『山梨県の歴史』『人物で読む近現代史』その他あり。

また、山梨県歴史教育者協議会会長、山梨郷土研究会、山梨文芸協会、歴史科学協議会会員、石橋

湛山研究学会会員など多くの仕事と、史学研究に携わっている。

〔追記〕として

「山梨平和ミュージアム――石橋湛山記念館」の浅川保理事長との関係というか、出会いは、「石橋湛山研究」を介しての著書からであったと思う。そうしたことから浅川先生の創設した、「山梨平和ミュージアム――石橋湛山記念館」のオープニングセレモニーに参加させて頂き、愉しかったことをおぼえている。またこの日の開館記念日に、一般法人「石橋湛山記念財団」の代表理事石橋省三先生と、二人の写真を撮ったのが忘れられない思い出となり、記念となっている。

それからもう一度、「第二回・石橋湛山平和賞」を受賞し、その授賞式に出席した時も、「山梨平和ミュージアム――石橋湛山記念館」を訪れている。浅川保先生とも「石橋湛山記念館」で面識があり、最近では立正大学での「石橋湛山研究学会」でも、二度程会って話している。物静かで学者肌の人間像が印象にある。

尚、この「書評的エッセイ」「浅川保先生への手紙」の文章は、以前差し上げた悪筆乱文の手紙に、今回加筆訂正して発表しました。

平成二十八年八月二十一日

石村柳三記す

平和憲法といわれる「第九条」への感懐
――とくに言論人政治家石橋湛山の視点をからめて

〈一〉

二〇一五（平成二十七）年は、日本が今次の大戦に敗れて七十年に当たるという。敗戦当時の日本は、首都東京をはじめ、原爆という未曾有の被害にあった広島、長崎をはじめ、数多くの都市が、中国の古典詩にあるような「国破れて山河あり」よりもひどい、メチャクチャな廃墟の状況であった。

その日本が、短期間という年月で復興し、繁栄し平和を築いてきたのは、日本人の勤勉さと、和をもつ気質にもあったであろう。けれど同時に、敗戦とともに生まれた日本国憲法が、今日の我が国の興隆と平和の土台となり、その歩みをなしてきたことは誰もが感受し、認識することだと思う。

戦前の大日本帝国の憲法（欽定憲法）にたいし、現憲法は、民定憲法とも呼ばれ平和憲法ともいわれている。

この日本国憲法の重要なところは、まず一つは言論・表現の自由であり、知る権利であり、そして人としての基本的人権など。もう一つ、日本の平和国家としての歩みをなさしめた根源は、憲法第九条の「戦争放棄」であり、その誇りであり、精神であろう。もっと強く断言すれば、戦争をしないという「九条」にこそ、日本の平和へ続く要の願いであったといえようか。

こうした戦後の「日本国憲法」、すなわち平和憲法という精神に繋がる水脈というか言論言説に通底する歴史のさけびをなし、戦前からすでに民主主義、自由主義の大事さと必要性を主張し、信念の歩みをしたジャーナリスト言論人で政治家であった人物石橋湛山（一八八四―一九七三）を、現在さらに大きな問題となっている憲法改憲の「九条」に関連して、少しばかりコメントしてみたい。

近代日本の歴史の歩みの思想史、政治史、文化史の中にあって石橋湛山は稀有の言論人として知られ、その存在が湛山が亡くなる直前に出版された、『石橋湛山全集』全十五巻（現在は数年前再刊され、新しく追加された資料一巻があり、全十六巻となっている）が出て、世の識者は改めて彼の生涯の大きな足跡に驚きを覚えた。

この『石橋湛山全集』が出てから、石橋湛山に関する研究がとくに進んで、二年ほど前に「石橋湛山研究学会」が発足し、昨年の暮れ立正大学で第一回「石橋湛山研究学会」が開かれた。私もこの「湛山学会」の末席に参加させて頂き感謝している。

話題が少々それたが、石橋湛山は早稲田で学んだ後、明治後半から大正、昭和の三代を言論人、戦後は政治家として、民主主義や自由主義者として、その文化や思想に信念（理念）の発言や主張をした。

そうした多岐で、知見の言論にあって、憲法九条につながる言論の自由、表現の自由、ないし個人の人権、生存権をからめた、侵略戦争や植民地の放棄、軍国主義への批判、さらには当時の国民を恐怖にさせた治安維持法にも、戦争が終わるまで批判し続けた。むろん語るまでもなく戦争反対の論者で軍部を批判した。そのため戦時中は東条内閣ににらまれ、東条首相から内務官僚であった町村金吾に、「場合によっては石橋湛山を逮捕せよ」の命令があったと語られている（『湛山回想』にあり『湛山全集』では十五巻に所収。また岩波文庫にも入っている）。けれど町村金吾は石橋の人物を見抜き、逮捕に踏み切らなかったといわれている。

むろん湛山は、そうした逮捕にかかわることとは知らず、軍部批判や戦争批判とともに大日本主義は幻想であり、小国主義思想の流れを汲む平和国家めざせよと言説し、当時の世相の暗黒色を強く批判した。そしてその当然の帰結として、湛山の言論の場とした東洋経済新報社は、発行する雑誌や書物の命でもある紙不足にあった時、とくに軍部の影響でその配給に苦しめられた。一時は日本でもっとも古い経済雑誌の、東洋経済新報社も閉鎖かと、ささやかれたと伝えられている、そのような時でも、石橋湛山をリーダーとする東洋経済の人々は、耐えて東洋経済新報社の理念とする改革の民主主義精神と自由精神を守った。

戦争に入る頃には、良識のある新聞と言われた朝日新聞も軍部に迎合し、最後の砦となったのが石橋湛山の東洋経済と、外交評論家で『暗黒日記』の作者と知られる盟友清沢洌らであったといわれる。

そうした戦争中の時代の中で、湛山は信頼の出来る政府高官に、早期終結と戦後の復興政策の提唱と研究をするよう進言したという。

石橋湛山の言論人としての信念（理念）がうかがい知れるであろう。

〈二〉

こうした日本の民主主義、戦後の民主主義に通底する石橋湛山の考えは、終戦後東洋経済新報社の社長から政界に転じ、吉田内閣の大蔵大臣から、鳩山内閣の通産大臣となり、昭和三十一年の十二月、岸信介を破り第二代の自由民主党総裁に選ばれ、第五十五代総理大臣に就任、石橋内閣を成立させた。石橋湛山は、多くの国民に期待をもって迎えられたが、病気のため二ヶ月という内閣に終わった。まこと不運の宰相ともいえようか。

湛山が首相を退いた後に、岸内閣が登場し、日米安全保障条約や憲法改憲が問題となり社会化されたりした。いわゆる「問題の社会化」として、今も社会の大関心となり、日本の運命の左右を決める憲法問題「九条」にも、継続されている。

そもそも、岸信介元首相は一九六五年十月、アメリカの雑誌に、自由民主党は憲法九条を削除して、再軍備をすべきだと訴えた。さらには、その前の九月三日の経済倶楽部では米誌に発表した同趣旨の講演をしており、世間に対しての物議をおこしていた。

かような重大な社会問題の発言について、石橋湛山は一九六五年十一月二十日号の雑誌『週刊東洋経済』で、「ぼくは第九条は削除すべきではないと思う」「日本は軍備をふやす金を、国民に満足を与えるような福祉政策にするのが、実は国防を安全にする道だ。ともかく、憲法を守っていくことが、いちばん賢明な道だ」と論じ、岸と対決する姿勢を強めたとされる。福祉政策を充実させよという湛山の主張は、国民の安心の生活を豊かにすることによって日本の平和を成し、それが一つは日本という安全の弁を成すと。そういう平和国家を生み出すことが、世界の平和に通じるのだと。人間の抱く「人間の幸福」の願いは、人類の目標でもあるからだと発言。

また岸の憲法改正についても、世間で論じられている現憲法（日本国憲法）の九条は、アメリカ、つまりマッカーサーによって無理に押し付けられたものだと発言する論者もいるが、それを認識したとしても「良いものは誰が押し付けたものであろうが構わない」。あるいはこの憲法の第九条は、「世界人類に向かって恒久平和を総国民が願っているという訴えでもあるので、私は人類最高の宣言であると信じている」とする。

ここで、われわれが石橋湛山の九条観から知らされ暗示されるのは、憲法九条を守れというより、守るということを強く含め、九条を捉えられていることを知らされる。

ここには、湛山の人生観、倫理観としての平和主義、個人主義者、自由主義者の哲学をもつ思想者としての、厳然たる言葉があるといっていい。

また岸信介のつよくさけんだ共産主義思想排斥論には、「非常に危険な考え方で、私としては同調できるものではない」と反論する。

それは、思想としての共産主義や、自由主義や資本主義は、その時代や動きのあり方、人々の願望により左右され、自然淘汰されて行くものだと考えているからだ。共産主義思想にも良いところがあり、資本主義思想にも悪いところもあり、時により国民の平和の願いのために、修正されるテーゼやシステムも必要であるとするからだ。石橋湛山の思想には、そうしたリベラルな自由な思考も包まれている。すなわち思考というものは、民衆によって良いものは残されていくという、淘汰があるからだ。

すでに語ったかも知れない、軍備拡大の大国意識よりも、小国主義の理念を享受した、平和主義の路線を進めというのが、湛山という思想者の誓願であったであろう。

一九六八年十月五日号の『週刊東洋経済』で、湛山は「日本防衛論」についての最後の論文を書き、「軍備の拡張という国力を消耗するような考え方でいったら、国防を全うすることができないばかりでなく、国を滅ぼす」と。続けてさらに言う。「このさい、われわれのなすべきことは、（略）世界に対しては、国連を強化し、国際警察の創設によって世界の平和を守るという世界連邦の思想を大いに宣伝し、みんながそれに向かって足並みをそろえるように努力する。これ以外に方法はない」であろうとする（『石橋湛山全集』十四巻）。

現在世界に荒れ狂う民族主義や独裁主義、もしくは宗教の名を借りての戦争やテロリズムは、国際連合の協力と団結の解釈や方法によることが、これから増して大きな存在となることは論ずるまでもないであろう。複雑で不条理な現今の世界状況では、尚更国際的連携が必要となり、国際連合の重要さが必要となって行くであろう。

そういう世界の動向に、すぐ敏感に反応し、この時ぞとばかり、軍備を拡張し国民をあおるよりも、日本は逆説的な立場に立っての軍備論というか、平和主義思想の九条の精神で、世界の位置で努力し、国際連合と協力し進むことが大切であろうと思う。あくまでも国際連合の一つの国としてだ。それも石橋湛山の非理想とした民族主義や単なる軍事力を超えた「国際警察」を創設して、宗教の名を使用するテロリズムを解決してゆかねばならないであろう。

民主主義のある精神で、世界の貧しい国も教育を受け、その国民の生活を豊かにして行くならば、テロリズムも宗教的対立も少なくなることであろう。

日本国憲法の第九条には、そうした願いも包含されていることであろうから。

つづいて記しておけば、晩年の湛山は「軍備・防衛不要論に達し、理想的平和主義の色彩がいっそう濃くなった」と、石橋湛山研究者で、ふかくその思想を調査した岡山大学教授姜克實はその大著で、労作の『石橋湛山の思想史的研究』（早稲田大学出版部）や、最新の『石橋湛山』（吉川弘文館）で述べている。増田弘東洋英和女学院大学教授の労作『石橋湛山研究―「小日本主義者」の国際認識―』（東洋経済新報社）を加えた著書とともに、湛山研究の必読の一書と私は言っておきたい。

〈三〉

石橋湛山の言論人、政治家としての理念や信念は彼の生き様の姿であり、ふかい哲学を背骨とした智見と人間としての感性に生かされた言行一致の一生にあった。

そうした国民の日常生活の平和や、もしくは生きる人間としての個の権利を大切にした日本国憲法。それも戦争のない、戦争放棄の精神をうたった「九条」に共感し、その重要なことを認識していたのだと思う。

自らの大事として言論、言説したさけびの声は湛山生涯の言論として出版された『石橋湛山全集』全十六巻となり、『石橋湛山日記』二冊の資料となり残された。これらの膨大な著作から石橋湛山の平和を願う心情や精神を知らされ、日本国憲法に重なる言論を知らされる。その一つが「九条」の平和を含んだ知見であったと思う。

ともあれもう少し加言するならば、あまりにも予見的暗示的な言説をみせ、また問題の社会化を見渡した言論人はそう多くはいない、石橋湛山はそのような日本近代史にあっても、忘却できない偉大な言説者の一人だと断じていい。一巻平均七〇〇ページに届くような全十六巻の著作。こうした言論人としての全集は、世界の宰相として把握してもまことに稀有の存在であろうといえる。

日本国憲法の理想とした第九条を、守れというより、守ると誓願した石橋湛山の思念と思想に、現実に大きな問題となり、心配されている「特定秘密保護法」や「集団的自衛権」「武器輸出」などは、事実として憲法の九条にも絡みあってくるものがあろう。

そうした立場というか、考えから私は「石橋湛山の考え方」からいろいろ教えられ、学ばされている。早稲田で学んだ先生の田中王堂のプラグマティズム実用主義や、仏教、キリスト教その他の宗教にも理解を持ち、かつあの島村抱月の文芸の影響も受け、若い文芸評論家としてスタートを切り、評価されつつあった湛山を想像してみたりしている。詩人の中でも、石橋湛山の平和主義や思想を論ずる者はほとんどいない。

私の読んだ詩人の著作で、石橋湛山の名前が出てくるのは村野四郎の名エッセイ集『詩的断想』（冬樹社）ぐらいだ。村野は石橋湛山と一度や二度対面したことがあったようだ。湛山は村野の兄と経済界のつながりから面識があり親しくしていた。そういうことからの対面であったが、言論人として知られていた石橋湛山の仕事は充分理解していたことだろう。

とまれ、記すことがついまた脱線してしまった。申し訳ない。

つまり以上のような、石橋湛山の思想というか、人間的感性の立場の視点を以って、「九条の会」や詩人たちの「九条の輪」、それに「戦争と平和を考える詩の会」（詩誌「いのちの籠」）などの仕事を、それ故に大切な平和の運動であると、私も考えている。戦争という、「いつか来た道」の歴史に回帰しないためにもだ。

〈平成二十七年四月桜散る頃脱稿〉

参考文献

『石橋湛山企集』十六巻（東洋経済新報社）
『石橋湛山と小国主義』井出孫六（岩波書店）
『石橋湛山の思想史的研究』姜克實（早稲田大学出版部）
『石橋湛山』姜克實（人物叢書　新装版　吉川弘文館）

『石橋湛山――人と思想』長幸男編（東洋経済新報社）
『石橋湛山研究――「小国日本主義」の国際認識』増田弘（東洋経済新報社）
『石橋湛山――リベラリストの真髄』増田弘（中公新書・中央公論社）
『戦う石橋湛山――昭和史に異彩を放つ屈服なき言論』半藤一利（東洋経済新報社）
『異端の言説石橋湛山』上下　小島直記（新潮社）
『石橋湛山論――言論と行動』上田美和（吉川弘文館）
『石橋湛山――文芸・評論家時代』上田博（三一書房）
『近代日本と石橋湛山――「東洋経済新報」の人びと――』松尾尊兊（東洋経済新報社）
『石橋湛山――信念を背負った言説』石村柳三（高文堂出版社）
その他の数冊の湛山研究の著書と、論文などを参照。

物を書くということ

——作家小島直記の歩んだ信念の姿勢と『異端の言説・石橋湛山』について

○

《「為さしめたものは何か」の探求》小島直記

○

〈一〉

物を書くということは、われわれ一般素人にも、職業としての作家や評論家、エッセイスト、学者、詩人としての立場にある人でも書ける。

しかしながら、原稿料を受け取り、人に読ませて、共感させる文章や言葉を操縦する専門的人には、そう簡単になれるものではない。

つまり文章も言葉の作用であり、その言葉をうむ人の心理や認識、思念思惟の感性の生き物でもあり、精神の応用作業が流れ、その人たちの魂をつつんだ言葉であり、文章でもあるからだ。そうしたなかで、作家や評論家、学者、エッセイスト、詩人の文章や詩も操作され、それぞれの立場というか分野《ジャンル》の思念や思索、考察の方法からイメージが涌き、創作、あるいは研究の言葉、すなわち文章となるのだといっていい。言葉を使う人の人生の視点というものが、「物を書く」方法手段として重要になってくる。

作家の場合は、その創作や歴史的関係の事実を切り取る作業に、精神がけずられてゆく。物を書く仕事というか「執筆」のエネルギーの精神作用は、その作品や著作に、命の重みのごとく回路し回帰して吹き込まれているものだからだ。わたしはそう認識し考えている。そういう職業人というか、専門の物書きの態度というか、もしくは姿勢から〈真面目〉で〈素直〉で、〈真剣〉に書く作品と格闘することになる。そうした思念というか、視点の捉え方から、わたしは一人の作家の歩んだ道といっていいのか、生き様としての声や心情のさけびを聴聞しようと思い、学んでみたい。

その作家、つまり小説家は「自伝作家」「評伝作家」としての独自の活路を見い出し、その方面の文学の位置を確立した、わが国の第一人者の小説家と知られ、多くの著作を残された小島直記である。そこでその自伝作家、もしくは評伝作家のありし日の横顔《プロフィル》の一部分を、物書きの姿勢の在《あ》りようとして少しばかり語ってみたい。

小島直記の人物評伝小説は、主として政治家、経済人（財界人）、言論人《ジャーナリスト》を広くテーマとしたもので、明治以降の日本の背骨を築き、その人間の哲学思想や、生き方の存在形成に光明を当てた小説が多い。評伝・自伝の作品であるので、時代の声やぼう大な資料（史料）の時代認識を研究しなければならず、さらには勝手な創造や想像もままにならない史実重視の精神作用、執筆態度を持たねばならぬところにあろうと思う。

そのような処《ところ》が、想像呼応の作品とは多少ちがうかも知れない。そこで、まずこの作家の簡単な略歴を伝えておきたい。

小島直記《こじまなおき》〈一九一九（大正八）年〜二〇〇八（平成二十）年〉は九州の風土の地、福岡県に生まれる。東京大学経済学部卒業後、海軍に召集され、海軍主計大尉として終戦を迎える。高校教師や経済調査官などを経て、ブリジストンに入社。職を転々としていたので、やっと家庭を持っていた小島はおちつく。サラリーマンと文学の二足わらじで小説を書いたという。火野葦平の後をうけた第二次『九州文学』を主宰。昭和三十年、三十一年と発表した『人間の椅子』『人間勘定』は芥川賞候補に。その後『三井家の人々』で、財界やジャーナリズムの世界に生きた人物。そして政治家などの伝記ものへの活路をひらいた。一九六五年四十六歳のとき退社して文筆に専念。

明治以降の人物の伝記小説を書く。日本の伝記文学の地位を確立し、その道の第一人者として活躍した。『小島直記伝記文学全集』全十五巻がある（『現代日本』朝日人物事典　朝日新聞社編　一九九〇年発行。『現代マスコミ人物事典』一九八九年版〔発行所〕株式会社二十一世紀書院。その他を参照）。

まさに明治や大正、昭和の日本の歴史を創り、歩みをした人たちの人間像や世相、その人間形成の時代思想、息吹を捉えた独自の伝記・評伝小説の視点表記を確立したといっていい。そして読者の共感を得た。

ブリジストンの石橋氏の温情で入社するまでは、小島は家庭をもった文学志望者で苦労していた。三十六歳頃まで安定した職にも就くことなく、原稿の売り込みで出版社を廻っていたという。その売り込みの出版社では、若い編集者にたしなめられ、見下げられもしたという。そうした屈辱感が、小島直記を伝記文学への活路と活躍に導いたのかも知れない。そこに彼の小説家としての位置を自らのものとする努力があり、またその道を歩んだといえよう。

わたしも、この作家小島直記の小説や著書も数冊入手し読んだことを覚えている。

たとえば『異端の言説・石橋湛山』上下（新潮社刊）。『出世を急がぬ男たち』の一書。さらには、「講演嫌い」でつとに知られていたこの作家の、『〈講話録〉伝記に学ぶ人間学』（竹井出版）なども読んだ。なかでも、『異端の言説・石橋湛山』の労作は、わたしにとって人生の指針を与えられ、学ばされた血の流れている共感の一書でもあった。

その他には、『見えかくれする作者の貌　著者自評』に五十冊の本編（玄海出版　昭和五十四年）もある。この『著者自分評』の一冊は、著者の本音の流露しているユニークな面白さもあり、貴重な文献にもなっている。

前出の『〈講話録〉伝記に学ぶ人間学』では、肩書社会の虚構や肩書でいばる人たちを批評批判をし、人を見下げる態度や、その視座におかれる人びとに光りを当てている。それは人間形成というか、自らの知見と体験をもって通過させた歴史の見方や捉え方、その時代の転化というか、視点を描いているところに特徴があるであろう。

読む者に共感を与えられる自分の問題として、時代という過去・現在・未来の人間たちの姿をも追跡している精神にあろう。そのために小島直記は、妥協をゆるさないことの必要性を大切にして自伝・評伝の筆を執ったといわれている。

〈二〉


そのためには古典を読み、人との出会い、人生との関係も大事にした。

明治の作家では、幸田露伴や村上浪六を高く評価し、その作家の知性の眼をふかく愛した。それは二人とも学歴がなかったが、自らの道を求め、学び、研究することへの努力をおしまなかった独行にあったからであろう。

またこの伝記作家が、とくに好んだ人物として、歴史家であり、文学史家で知られる山路愛山《やまじあいざん》を骨のある言説者として上げている。愛山は、「肩書でいばる男を叩く」人物として人気があった。よく知られているのは、学者やいばりちらす文学者を叩き、批判批評した精神を背負い、信念ともした。山路愛山の探求史家、反骨魂をよしと評価。

信念の言論人として闘った石橋湛山も、『石橋湛山全集』全十五巻（東洋経済新報社）において、この気骨ある山路愛山を愛する人物として捉えている。いわゆる敬愛する物書きとみていた。

山路愛山は、物を書くときは本気で取り組み、自らの信念を通したといわれる。そうしたことからアカデミズム、学者、博士を嫌っていた。本質を追跡した歴史文学史家であった。愛山は学歴をもたなかったが、そのことも少しはコンプレックスであったであろうが、それよりも嘘のない真実を問うた人物である。

一つ例を挙げれば、哲学者として、あるいは時代のオピニオンリーダーの花形となって活躍した井上哲次郎博士や、外山正一という東京帝国大学教授の学者を嫌ったという。井上博士も外山正一教授も明治の花形文化人であった。外山正一は日本の詩文学の先駆者の一人であったことは、詩文学をする人にはよく知られている存在だ。この二人だけではないであろうが、彼らは「上から物をみようとする目」で、人をみていた態度があったのであろう。

山路愛山の言葉で有名なのが「博学ひっきょう拝むべき者なりやいなや」がある。実力のあった愛山は、学歴こそなかったものの人一倍の姿勢で、学問を愛し、学びふかめ、独立独行の言論者でもあった。

その感性と才能は二十九歳で『明治文学史』を書き、その後『現代金権史』という名著を出した。それを小島直記は面白く愛読し、貴重な書物を残したと感謝している。愛山を精神のささえの力としたであろう伝記作家小島直記も、東京大学出身という学歴と肩書をぶら下げていたが、苦労して作家になった小島直記には、学歴や肩書で人をみる眼心よりも、独学独行の真味《しんみ》のふかさを肯定した伝記作家であった。人間としての真味を背負った、人物を大事とした。

また、もう一つ語っておきたいのは、小島直記の友人であった評論家伊藤肇との関係もいろいろ教えられる暗示があることだ。その辺りが面白い。

伊藤肇は、「死体解剖と生体解剖」という言葉を使って、小島直記の歴史の世界、伝記の世界という、資料や文献を調べ執筆していることに、独自の批評を加えた。つまり、伊藤肇のいうところの「死体解剖」の仕事だ。歴史上の人物やその仕事・形成・精神の歩みを、伝記にする小説を「死体解剖」の分野とする。

もう一方の「生体解剖」の分野は、現存の人を取材し、生《なま》の人間をあつかう仕事にあるという。現実の社会世相や文化、経済の世界を書く身近な生活の人間をだ。多くは経済人や文化人、財界人を取材した。その他ジャーナリストと呼ばれる人などを。伊藤肇はそのころ三鬼陽之助の雑誌「財界」の経済記者で活躍していたので、そうした発想がうまれたのであろう。

けれどこれが、発想や話だけであったならばよかったが、その度合を過ぎた言葉として、「死体解剖」なる過去人物を主とする小説や作品の伝記物にまで、批判が及ぶに至って、友人の小島も「カチン」ときたというのだ。

その辺のところを『〔講話録〕伝記に学ぶ人間学』では、

彼は財界記者として、時めく財界人と会って、それを批判することを生体解剖だと言って、生体解剖のほうがいい、死体解剖はつまらないと言うわけです。「小島さんも、早く死体解剖なんかやめてしまって、生体解剖にしなさいよ」と言うので、私はこん畜生と思って、断固として「違う」と言いました。これは絶対に承知しない。

と言ったというのだ。そこにはいくら友人であっても面白くなかった心情があったのだろう。戦後、作家として立とうと歩んでいた小島には、きつい言葉であったかも知れない。

四十近くまで、家庭をもちながら悪戦苦闘し、転職もくり返し、原稿売りに出版社を廻っていた小島直記には、断固として違う感情と空気があったといえよう。

伝記作家となっていた小島には、これが最後の反論となり、逆に伝記小説というものに未踏を開く信念と反骨精神がコイルされたと思われる。確信し、開目ある歩みこそ物書きには必要なこころであろうから。

伊藤肇との関係もこのようなことがあってから、小島の大切な座右の書としていた佐藤一斎の『言志四録』を、伊藤が読んでいなかったので「読んでみて」と渡した。それを彼が読んだかどうかは聞かなかったが、ケンカ別れをして九年目に評論家となっていた伊藤肇も死んだという。その大切であった友人の伊藤肇のことも、小島直記は書いている。別れても、眼底の結節の消えぬ友人であったからであろう。

伊藤肇も、小島直記も古典といわれる書物をよく読んでおり、それらの中で二人は互いの相逢《そうふ》と共感をし、通ずる心情があったからだと言わねばならない。

こうして小島直記は物書きとして苦労し、やっとブリジストンの石橋の温情でサラリーマンになったが、しかし物書きとしての夢を捨てることができず、サラリーマンを退《や》めて作家の道一本のレールを走ることになる。反骨というか、骨太のあるところもあった。人間の形成と思想と生き方を追跡し求め、伝記小説家の世界で活躍してゆくのであった。

それらの精進の業績として、あの『小島直記伝記文学全集』全十五巻の、前人未踏の仕事としての金字塔をなしとげた。

〈三〉

これら多くの著作のなかでも、昭和五十三（一九七八）年に上梓されたのが小島の『洋上の点　森恪という存在』（中央公論社）と、『異端の言説・石橋湛山』上下（新潮社）で、この二冊には格別の心情と心血をそそいだといわれる。

そのことは「78春――79夏」の『見えかくれする作者の貌…著者自評』五十冊の本編（玄海出版昭和五十四年刊）という、ユニークな自評の本で作者たちは本音を語り、述べている。

すでに、伝記作家として不動の立場にあった小島直記は、この「自評」において「深酒をつつしみ、仕事を厳選してやる」という誓いを大事となして、この二作を書き上げている。そこには人の命というか、運というものは無情なもので、いつどうなるか分からない。無情の世の灯明のごとき時間《とき》の中にあって自らの小説家としての問いを問う。あと何年書けるか。あと何冊、命をもやす仕事ができるのか。

そこのところをこの作家は、やはり『著者自評』で素直にもこう告白している。

端的にいって、冥土の旅の一里塚、あと何冊か出る――何冊しか出ない本の中の二冊だ、という切実なおもいだ。

そういう信念で執筆した心情があり、それだけに心血をそそいでいたことがうかがわれる。『洋上の点　森恪という存在』は二年間、「中央公論」という雑誌に連載したものだが、一方の「『異端の言説・石橋湛山』は、どこにも、誰にもたのまれないで七年前からコツコツ書き下ろしたものだ」と語る。

それが第一のちがい。されどもっと重要なところは、前著については日本の「正統思想」を、後者にあっては「異端思想」を書いたものだ、と自覚して執筆していることだ。それはそこに、「正統と異端」の日本近代史の歴史の見方の思想が含まれているからだろう。小島直記の明治以降の歴史観は、日本においては「大日本主義」が正統であり、異端とは「小日本主義」に他ならなかった。

明治二十三（一八九〇）年晩秋に召集された国会最初の議会、時の首相山縣有朋は、その施政方針演説で、「国家独立自衛の道は、一に主権線を守禦し、二に利益線を防護するにある。（略）以て国家の独立を完全ならしめんとせば、そのこと、もとより一朝空言のよくすべきではない。必ず国家資力の許す限り、寸を積み尺を重ね、以て成績を見るの地に達せねばならぬ。故に陸海軍のために、巨大な金額を割かざるの必要は、ここに出ずるのである」と、弁説した。この演説は、まさに世界の仲間入りを念頭においた明治政府の「富国強兵主義」の宣伝であり、近代日本の日本国を引っ張り、終戦まで続いた路線でもあった。いわゆる日清・日露戦争を通じての「内には立憲主義、外には帝国主義」が本流とされた「正統思想」であった。『洋上の点　森恪という存在』の森恪《つとむ》は、三井物産社員から代議士になって、田中義一首相内閣の政務次官となり、『東方会議』を主宰した。その後、政友会幹事長ともなったが、志なかばで五十歳という若さで亡くなった。大臣や宰相につながるレールへの夢もあったろうに、無念残念であったと思う。そういう意味では悲劇の人であったのか、なかったのか。その人間形成を問い捉えようとしたのが、『洋上の点……』の小説だった。

ここで一つエピソードとして語っておけば、田中義一首相のときだったと思うが、シベリヤ出兵という大きな事件があった。その出兵不安の時、田中義一首相に対して批判の言論の矢を放ったジャーナリストがいた。石橋湛山という東洋経済新報の記者だった。

趣旨は、確か、そんなに戦争が好きで出兵したいならば、田中義一首相自ら、一兵卒として行けというものであった。そしてこう付け加えたのだ。「首相になる指導者はいくらでもいる」と。これは、兵士の、家族ある人々の無駄死をふせげという、戦争反対論の立場からであった。何と鋭い批評批判の記事であったことか。まだ若かりしころの石橋湛山の言論の一つだ。田中首相は、一般社会にも印象が悪かった。とくに有名なのが海軍の戦艦を呑んでしまったという「戦艦汚職」の話。

『異端の言説・石橋湛山』上下二冊は、そういう湛山の言論人魂と、自由主義者、民主主義者、平和主義者の立場から、人間の基本的人権や言論思想の自由論者として、軍部や戦争支持者たちを批判した。また平和を願うには女性の社会進出や平等の思想を主張した。これは日本の女性運動の女性指導者や、解放の精神よりも、論理的で説得力のある言説であった。つい最近、東洋経済新報社より、復刊の『石橋湛山全集』十五巻と新に発見された「女性論」の記事をまとめた一巻を加えた『全集』が出た。

これで石橋湛山の「女性論」「女性史観」をさらに学び、研究されてゆくであろう。

女性史研究の女性研究者は、湛山の「女性論」についてはほとんど書いていないが、これは『石橋湛山全集』を読んでいないからであろう。わたしは、女性の研究者も、石橋湛山の女性についての論や文章をひもどいて研究して頂きたいと念願している。

ところで、石橋湛山は戦後、吉田内閣の大蔵大臣として民間から入閣した経済評論家、あるいは言論人であった。そこから政界入りした。後、鳩山一郎内閣の通産大臣になり、一九五六（昭和三十一年十二月）年暮、第五十五代総理大臣になったが、病のため二ケ月で内閣を総辞職した。惜しい宰相と言われた。

一般人や知識人からもれて来た声は「石橋内閣がもう少し続けられていたら、日本の歴史も少しは変わったであろう」という言葉であった。まさしく哲学を背負った人物であり、その生涯をみるにつけ、平和と言論自由の言説を尊とした人物であった。

小島直記は、石橋湛山を「異端の言説」の小説で、政治家として論じているのは「全十一章」の構成の、最後の十一章で論じているだけで、他の章は湛山の生き方、思想、哲学、時代観、言論の自由、その他時評や女性史論の捉え方、自由主義の源でもある「言論の自由」の大事さを描いた、人間形成の魂のありようとその精神の認識を重要とした視点にあった。日本の「小国主義」の言説者として。

森恪の人間像や石橋湛山の人物像も、そういう信念と精神の気概をもって、人生を歩いた姿にひかれ、感受されたことにあったと思っている。いわゆる「人間形成の呼応」の声につつまれ、全神経と全精神力で書いたのが二つの作品であったといえよう。とくに『異端の言説・石橋湛山』上下を味読し、共感したわたしにとっては、だ。

肩書や業績だけが必要なのではなく、また「何を為したか」の追跡や探求よりも、「為さしめたものは何か」ということに、大きなテーマを問うた、人間の生き様のさけびと思念を垣間見ようとした小説であった。そこに、生きることとは何かを流露する暗示を、つゆのごとく内包し教示している。

わたしも〔石橋湛山研究者〕の末派のひとりとして、端くれとして興味を抱き雑文として論じてきた。まこと石橋湛山は思想者であり、その自らの言論の実践者で「為さしめたものは何か」にふさわしい偉大な人物であったと思っている。

さて、そろそろ筆を擱《お》くにあたり、伝記文学者の第一人者、小島直記がいみじくも『異端の言説・石橋湛山』について語っているように「どこにも、誰にもたのまれないで七年前からコツコツ書き下ろした」と、わたしは前記したが、その七年前というのは、ちょうど『石橋湛山全集』十五巻が刊行し終えた昭和四十七年ごろであったと思う。『異端の言説・石橋湛山』上下は昭和五十三年に新潮社から上梓されたことからも察しられる。

それほどの長い年月をかけて、書いてきた小説であったのだ。それも書き下ろしの作品として。そのころ小島直記は深酒をつつしみ、厳選した作品を書きたいとも、その心情をもらしているので、もし石橋湛山に関係するこの作品が出版社から出ないならば、「自費出版」してでも、執筆し書き上げたい精神集中の一冊。もしくは魂の泪をそそいだ一書と思っていたことだろうと推察している。

小島直記は湛山のことを他の作品でも取り上げている。一般読者人は、新潮社の『異端の言説・石橋湛山』を読み、興味と共感をもったのかも知れない。

明治・大正・昭和の激動時代を生きた石橋湛山。そしてその評伝小説を書いた作家、小島直記も大正・昭和・平成の三代を生き、自らの「為さしめたものは何か」を、墓の下で、笑いながら問うていることと思う。それは、おのおのの自らの人生の形成と生き方を回想し、回帰している平安の姿でもあるのだと考えている。

物を書くという小島直記の作家姿と、時代と人間の平和を生涯願った言論人、石橋湛山の姿をわたしはおのれの眼底にうかびあがらせ、「書くこととは何か」を問うてみたいと思ったのである。

ひとりの思念者としてだ……。

弱きひとりの人間の存在者としてだ……。


〈平成二十三年の残暑日、幕張の古住宅にて〉

生きることにとっての嬉しいこと

――「石橋湛山平和賞」を受賞しての感懐

〈一〉

生きるということは単純一直線に、日々を過ごせる人には、そう苦ではないであろう。しかし体調があまりよくなく、よくぞここまで生きて生かされてきたことに感謝している弱き人間には、いろいろ絡みあった苦労も複雑さもあるものだ。

世の中に生きるということは、そうした悲しみや喜びも、つまり喜・怒・哀・楽のわれわれの平凡な生活者にとっては、思いもよらぬ人生上の「嬉しいこと」も、時によっては一つや二つはあるものであるかも知れない。その嬉しいといえるのが、わたしにとっては、昨年（二〇一三）の第二回「石橋湛山平和賞」を受賞したことである。

この賞は二〇一二（平成二十四）年に創設されたもので、山梨県甲府市にある「山梨平和ミュージアム――石橋湛山記念館――」が主催しているものだ。

「賞の趣旨」は、第二回募集要項によると日本の近現代史に不朽の足跡を残した言論人で、戦後政治家に転身した石橋湛山の民主主義、平和主義、自由主義者としての明治末から大正・昭和を通して日本の帝国主義、軍部の横行、そしてそこにうずまく「大日本の幻想主義」を批判し、現実的である「小国主義」思想を言説し、日本の進むべき針路を主張した視点の生涯にあった。

そのような言論人思想者であった石橋湛山の偉大な人間の在り方や、功績から山梨県出身の言論思想者といっていい、石橋湛山を、その平和主義者として讃え、「山梨平和ミュージアム」が創設された賞。

そこで、先に記した「募集要項」に語られている趣旨から、具体的に引用してみよう。

「石橋湛山（一八八四〜一九七三）は、大正から昭和にかけて、平和・民権・自由主義の立場を貫いた言論人・政治家として知られています。

生後まもなく東京から山梨に移り、県立中学（現甲府一高）に進んだ湛山は（略）早稲田大学を経て、二十七歳から三十五年間にわたる東洋経済新報社での記者生活で、湛山は平和主義・自由主義の立場を堅持し、「大日本主義の幻想」などを執筆、日本の真の近代化・民主化の実現のために闘ってきました。

彼の特質は、世界平和への強い情熱と、批評における科学的精神、深い哲学的思索に基づく歴史への洞察力であり、「20世紀日本の言論界・思想界を代表する稀有《けう》の人物」とも評価されています。

この度、山梨平和ミュージアム——石橋湛山記念館——では、山梨出身の言論人であり、政治家として活躍した石橋湛山の平和主義思想を後世に伝え、よりよき日本の民主主義社会の実現をめざして、昨年に引き続き、下記の要領で第2回石橋湛山平和賞を募集します。」

またこの「石橋湛山平和賞」の対象者は、中学・高校生と一般（大学生以上）の部に別れ、前者は小論文、エッセイで、四百字詰め原稿用紙六枚以内。後者は平和主義・国際平和等についての論文やエッセイ。同じ原稿用紙で二十枚から五十枚。

これらの参考文献として、入手しやすい『湛山回想』、『松尾尊兊編　石橋湛山評論集』（二冊とも岩波文庫）。井出孫六『石橋湛山と小国主義』（岩波ブックレット）、『池上彰と学ぶ日本の総理⑦石橋湛山』（小学館）を掲げている。それに、部門ごとに最優秀賞、優秀賞、佳作という順位を設けている。

選考委員には五人が当り、委員長に作家の井出孫六先生。委員に山梨県立大学学長である伊藤洋先生、劇作家水木亮先生、山梨英和大学の深沢美恵子先生、それに山梨平和ミュージアム理事長である浅川保先生。

後援には、山梨県教育委員会、石橋湛山記念財団、山梨日日新聞社、朝日新聞甲府支局、毎日新聞甲府支局、読売新聞甲府支局、NHK甲府放送局、山梨放送、山梨テレビ、山梨新報、共同通信社甲府支局。さらに協賛として（株）印傳屋上原勇七、（株）境川カントリークラブ、（株）KBK久保田など県内の企業も名を連ねている。

かような「湛山平和賞」のなかで、中学生や高校生を対象としている点も、特色がありユニークでもある。民主主義、平和主義の教育的立場からも、その生涯を自ら民主主義者、平和主義者として閉じた石橋湛山の平和賞は、中学生ないし高校生に大事な「賞」だとも考えている。それがほほえましく思われる。

以上、簡単に記してきたことが「石橋湛山平和賞」の概要といえよう。

私はこのような、身近で親しみのある「石橋湛山平和賞」をエッセイ「石橋湛山の絺《ち》章《しょう》絵《かい》句《く》に関する小考」と題して入選し、優秀賞を頂いた。そのことを告げられた通知が、山梨平和ミュージアムから届いたときは、「まさか、嘘だろう」と思いびっくりした。その翌日の午前中であったか午後であったか、朝日新聞甲府支局の記者から電話での取材があり、これまたびっくりした。数日して、この記者の記事が掲載された平成二十五年十一月二十九日の朝日新聞（朝刊）が送付されてきた。

私はこの新聞をありがたく拝見し、この記事を書き、送付してくれた労に感謝した。そのやさしさの行為がうれしかったからだ。むろん地元紙である山梨日日新聞十一月二十六日にも、「石橋湛山平和賞」は報道されていた。それから約一か月後の十二月二十三日に行われた「石橋湛山平和賞」の表彰式の毎日新聞（十二月二十四日）、山梨日日新聞（十二月二十四日）「井出孫六さん、湛山を語る」記事も、後に届いた「山梨平和ミュージアム」の会報にコピーで同封されていた。

ともあれ、生まれて始めて、それも七十歳近くになって「賞」を頂き、新聞に書かれたことは、まさしくびっくりの驚きであり、まさかでもあった。

〈二〉

思いもよらぬ、こうした湛山平和賞を受けて、平成二十五年十二月二十三日午後二時から行われた、甲府市の県立男女共同参画推進センター「ぴゅあ総合」での、第二回「石橋湛山平和賞」の表彰式に出席させてもらった。そういう訳で、前日の二十二日（土）に、今まで苦労をかけてきた妻とともに午前九時過ぎ千葉市の家を出て、新宿駅からＪＲの中央線（特急）で山梨に向かった。

妻と一緒に行くことになったのは、私の体調の心配もあり、もしものことがあってはこまるからであった。そうしたことのスケジュールから、午後二時頃今日宿泊する石和温泉郷のホテルに着いてゆっくりしようと思った。

予定通りの二時過ぎ、現在笛吹市石和町になっている石和温泉駅で降り、予約していた「ホテル花いさわ」に入った。このホテルは石和温泉駅から最も近く、徒歩で五分ほどであるが、私は歩くのが辛いのでホテルの車に迎えに来てもらった。ついでに加えておけば、「山梨平和ミュージアム」が開館した七年前であったか、そのオープニングに出席するため、妻とともに一度このホテルに泊ったことがあった。その「山梨平和ミュージアム——石橋湛山記念館——」からの招待状というか、案内状のあったことも思い出す。

ホテル花いさわの温泉で寛《くつろ》ぎ、夕食を妻と取り楽しく飲んだ白ワインの美味。その後、部屋に戻ってきた八時前後であったか、笛吹市に住んでいる知人で詩人の古屋久昭氏を思い出し、久しぶりに電話をしたくなった。そこでカバンに入れてある手帳から古屋氏の電話番号を見い出し、電話をした。

「今、石和温泉のホテル花いさわに泊っている。実は明日の『石橋湛山平和賞』の受賞式に出るため来ているんだ」等々の用件と、なつかしさの声でも聞きたいと思って、電話したのだ、と言った。

というのも、古屋久昭氏とは早くも十年程前になるであろうか。今は身延町になっている地域出身の女性詩人佐野千穂子さんからの手紙で紹介され、拙著『石橋湛山――信念を背負った言説』や詩論集や詩集を進呈し、また古屋氏からもアンソロジー『山梨県詩集』（山梨県詩人会）や冊子なども送付してもらった。

さらには、私が二〇〇五（平成十七）年、十一月八日に身延山大学での、「平成十七年度　身延山大学公開講演会」から講演を依頼され「自由主義者　石橋湛山」を語った会場に、訪ねて来てくれたのが、古屋久昭氏との初めての面識であった。そうした出会いからの交流があり、「石橋湛山平和賞」での電話となり、再会の日となった。

古屋氏は数年前から、山梨県詩人会の会長の任にあり、多忙であったと思われたが、明日（二十三日）の朝九時過ぎに宿泊しているホテルに来てくれるという。私は迷惑をかけてはならないと考えていたので「古屋さんも忙しいでしょうから、無理しないで下さい」と申しあげたが、「大丈夫、都合がつくから」という返事。本当に申し訳ないと思いながらも、嬉しい気持でもあった。電話を切りながら、翌日の古屋久昭氏の再会が楽しみであった。

見事な冬晴れの朝私たち夫婦は、九時過ぎホテルのロビーで待っていた。身延山大学での出会いから、九年ぶりの再会となる。けれどその頃の九年前は、私もまだ若く多少元気もあったが、今ロビーで待っている私は、杖を突き、背を曲げかけている、もうまもなく七十歳になろうかとする老人。体調も万全でなく人工透析を週三回受けている身。生きていることに感謝しつつも、苦痛と思うこともある。

でも楽しいこともある。この快晴の日に午後からの「県立男女共同参画推進センター」での「石橋湛山平和賞」の授賞式があり、かつその朝を、知人の詩人古屋久昭山梨県詩人会会長との九年ぶりに再会できることであった。

ほとんどの客がホテルをチェックアウトし、ロビーに居る泊り客も私たち夫婦だけになっていると き、古屋久昭氏が姿を見せた。すぐに古屋氏と分かった。九年前の身延山大学での出会いとは多少ちがった口ヒゲと顎ヒゲをのばし、赤い長マフラーを首にし、ブレザーにネクタイをしての防寒着姿。姿勢もすくっとして凛々しい。私もブレザーのネクタイ姿であったが、弱々しい自分が情けなかった。

ともかく私はソファから立ち上がり、数歩進んで、「やあ、久しぶり」と挨拶の握手。温《ぬく》もりの嬉しさが伝わってくる。ロビーのソファに座り約三十分ほど雑談。それから記念にとロビーにて妻に写真に撮ってもらい、かつホテルのフロントの人に、妻も入った三人の「風林火山」の額の前でもう一枚パチリ。

ついでに記しておけば、ロビーでの雑談中、「山梨県詩人会」の設立者で最初の会長であった、詩人内田義広先生の話になり盛り上がった。なぜなら、私が五十歳になる前であったろうか、日蓮宗新聞社の編集部に記者として勤めていた頃に、旧制立正大学国漢科に学び、教員となり、やがて山梨の県立高校長を最後に退職し、立正大学同窓会の支部長となり、詩人としても知られているということで取材し、日蓮宗新聞に載せたことがあった。そしてその時の取材で、内田義広先生は、日本のモダニズム詩人であった『時間』の北川冬彦。カエルの詩人で文化勲章受賞者であった草野心平、及び詩人・評論家・歌人で転向文学者の一人として知られる浅野晃。それに「日本未来派」の同人であった、ことなどの話をなつかしく聞いた。ちなみに内田義広先生は山梨師範学校（現山梨大学）を経て立正の国漢に学んだという。戦後、山梨日日新聞に入り、文芸部長の要職に就いたが、教師の方が性質に合うと知り、新聞社を退《や》めて高校の先生になったことも私の取材で教えてくれた。そういう若い四十代終わりの仏教紙の記者時代に、縁のあった詩人内田義広先生であった。その時、評判の高かったと言われる名詩集『故園に歌う』（一九七九年四月二十九日第一刷　発行所内田義広詩碑建立委員会　責任者山本融）を頂戴した。その県内最初の詩人の詩碑が笛吹川に合流する平等川畔に近い、石和温泉駅西方の宝幢院境内に立ち、除幕された。笛吹川抒情をうたった名詩篇の詩集として。また笛吹川を描いた小説家として知られているのが、話題をなげかけた深沢七郎。

話を古屋久昭の関係にもどそう。古屋氏は何と笛吹川の詩人内田義広先生を詩の恩師とする、詩文学を教えられた弟子でもあった。私はびっくりして、古屋久昭という詩人に一層親しさを覚えた。そのような雑談から、急に宝幢院の内田義広詩碑を見学してから甲府に行こうと三人で、古屋氏の自動車でその宝幢院というお寺に向かった。詩碑の前で古屋氏との二人の写真を妻に撮ってもらい、甲府へ一路進行。途中、高い坂だったか、橋だったかの上から眺めた雪の南アルプスを、みつめることができ喜びあった。

とまれ、この内田義広詩碑見学の話はいつか詳細に語りたい。そこでもう一言語れば、詩誌「風」の主宰者、土橋治重とは同じ郷土の友人であり、詩誌「地球」同人として知られる石原武文教大学名誉教授は、内田義広先生の高校での教え子であったといわれる。二人の著名な詩人土橋氏も石原氏も内田義広詩集の『故園に歌う』の〔跋〕を書いている。

私はこの所収されている笛吹川慕情詩を読み、今日も大切に手許に置いている。

こうして甲府に行く途中、詩人内田義広先生の自宅の前を通り、数分止まり車からその自宅を撮り、取材したときを浮かべながら後にした。

かくして甲府の「石橋湛山平和賞」の表彰式に向かう車のなかで、「第28回国民文化祭やまなしin笛吹川〔現代詩の祭典〕」の行事でもあった「堀内幸枝の詩の世界にあそぶ」（十月二十六日）と「文芸祭　現代詩大会」（二十七日）のカラーのスナップ写真とコメントのついた用紙を頂戴し、山梨県詩人会の会長としての、古屋久昭の活躍を改めて知らされた。

〈三〉

車で急ぐ古屋久昭と私たち夫婦は、甲府市に入り、二時からの表彰式のある会場近くのコンビニに入り、コンビニで買ったおにぎりを食べ一服した。そのおにぎりはそれなりに美味であった。そして二十分ほど車中でゆっくり、もうすぐ近くにある「県立男女共同参画推進センター」に着く前に、その道路の前に建っている「山梨平和ミュージアム——石橋湛山記念館——」を見ようと立ち寄る。ちょうど数日前に、二階の石橋湛山展示の部屋は新しい資料が加わった展示室になっており、感激した。約二十五分ほどの急ぎ、「平和ミュージアム」参観であった。古屋久昭氏もこの、「平和ミュージアム」の評議員の一人であるので、興味を抱き見学していた。私が新しく目にしたのは、この「山梨平和ミュージアム――石橋湛山記念館――」を訪れた、作家澤地久枝氏の紹介写真と説明文、同じく作家で詩人として知られる辻井喬氏の写真と説明文が、一階入口のコーナーにあったことだ。

日本現代詩人会の重鎮でもあった辻井喬氏は亡くなる前に訪れたことが知れる。

私は、ああこの「山梨平和ミュージアム」に澤地久枝や辻井喬の、名のある作家や詩人が足を運んでいたことに嬉しさと喜びを覚えた。私は澤地さんのノンフィクションの作品を興味を持ち、読んでいたこともあるからだ。もちろん詩人としての辻井喬氏の詩も、幾つか眼にしたことがあるからだ。詩を書いている私には、詩人辻井喬の名前は身近であったといえよう。(尚、その前には文化勲章受賞者の日野原重明先生も来館している。)

かようなごとく、七年ぶりに再訪した「山梨平和ミュージアム」をなつかしみ、この平和ミュージアムをオープニングした記念日に、浅川保理事長に面識を持ったことや、さらには、この開館日に訪れていた「石橋記念財団」の石橋省三理事長と、写真に納まったことなども消しえぬ眼の結節の風景となっている。同時に眼に甦ってくるのが、省三理事長の父であった前理事長の石橋湛一先生のことだ。

前理事長とは拙著『石橋湛山――信念を背負った言説』を石橋湛山記念財団に進呈したことや『フォーラム』(立正大学の広報誌)に、湛山のことを書き、あるいは伝統ある宗教誌『法華』にも、何回か湛山論の拙い評論を執筆したことがあった。そうした関係から、手紙や葉書を頂いたこともあった。それからまた、宗教文化誌「法華」(法華の会)の講演会があったとき、一度湛一先生と対面させていただいたことがある。そうしたことからご子息である省三理事長にも親近感を抱いていた。石橋省三理事長との二人で撮った写真は、そういう立場でも貴重な一枚となっている。

さて、話をこの度の再訪問にもどそう。「山梨平和ミュージアム」で新しいニュースや、資料を眼にしているうちに、すぐ眼前の場所になっている「石橋湛山平和賞」の表彰式の時間が迫ってきた。二十分ほど前になったので、急ぐようにして私たち夫婦と古屋氏は表彰式の会場に向かった。何とか十分ほど前に会場に入りほっと一安心。そこには、関係者が待っていた。また会場には四十人ほどの一般客や記者たちも来ており、表彰式らしい場になっていた。その場に、南アルプス市在住の詩人こまつかん氏も見えていた。こまつ氏の語るには「コールサック社」の鈴木代表から、「石橋湛山平和賞」の件を教えられたらしい。もしくは県内の新聞記事で知ったのかは詳しく、私は承知しないが、ともかく初対面できたことは嬉しかった。私もこまつ氏の名前は眼にしたり、聞いたりしていたのでその詩人としての存在は知っていた。そこに今回、さらに山梨県詩人会長の古屋久昭氏が、この受賞式会場で紹介して下さり、こまつかん氏と握手して挨拶。本当に会えてよかったと思った。

古屋氏の紹介によると、こまつかん氏は山梨県詩人会の事務局長である、ということであったと思う。

そうこうしているうちに、表彰式が始まる午後二時になろうとしている。「石橋湛山平和賞」表彰式の関係者は、受賞者をそれぞれの席に案内し、浅川保「山梨平和ミュージアム」理事長の司会で始まった。私は少しは緊張していたが、入選し今日出席していた六人も、同じように緊張していたかも知れない。

表彰式は、直木賞作家である井出孫六選考委員長から賞状及び副賞を受け取り感激した。

七人の表彰が済み、受賞者を代表して私が簡単に「このような賞を頂いてありがたい」と喜びを申し上げた。式の後、すぐ井出孫六先生の講演があり、先生の兄が政治家で、近くに住んでいた湛山と関係のあったことから、よく手紙を依頼され届けに行ったという。そうした面識のあった湛山を語りながら、湛山先生を「庶民的な印象」とふりかえった。湛山の言論人《ジャーナリスト》としての態度は、中国侵略を最後まで反対し、戦争を批判した精神について「湛山の奥深いところには錨《アンカー》があり、暴風雨のような時代で難破しなかった一つの秘密ではないか」と。講演の最後には、頑張って『石橋湛山全集』（全十六巻）を、ひもといてみたいと意欲を示した。印象に残った話であった。

講演後、伊藤洋選考委員の短い批評があり、入選者のコメントなどを兼ねた懇親会で、無事「石橋湛山平和賞」の大切な行事は終わった。私はこの表彰式に出席させて頂いて、改めて湛山平和賞での、中学・高校生のコメントや、平和についての理解や考えの深さに学ぶものがあった。

そういう訳で、この度の「石橋湛山平和賞」に出席して、ほんとうに良かったと喜んでいる。

ただ千葉に帰る電車の時間もあり、ゆっくりすることもできず、急ぎ甲府駅に行かねばならない。タクシーで甲府駅まで行くつもりでいたが、古屋氏が車で送ってくれるという。私たち夫婦は、それに甘えて駅まで送ってもらうことにする。多少あわただしく受賞式会場を後にする。途中、古屋久昭の「せっかく、甲府に来たのだから、今、甲府市の山梨県立図書館で開催されている十二月二十一

（土）――二十五日（水）までの、『平和祈念展in甲府』と銘うった『平和祈念展示資料館』（総務省委託）が催されているので、それを見ては」と奨めてくれて、甲府駅近くの真新しい建物「山梨県立図書館」に立ち寄ることになった。立派で大きな県立図書館に眼を見張り、それこそ急ぎ駆足で一階のイベントスペースを回り、駅に着いた。駆け足の「平和祈念展in甲府」の参観ではあったが、「平和主義」という立場から、この展示会に寄り良かった。本当に古屋氏に重ねて感謝しておきたい。

こうして、何とか新宿行きの特急に乗車することができ千葉市に帰宅し、ほっとした。一緒に行動してくれた妻にも、感謝している。嬉しい「石橋湛山平和賞」の表彰式に出られたことは、生涯のよろこびともなろう。

〈四〉

ところで、私はここのところ『石橋湛山日記』（みすず書房）に興味をもち読んでいる。

この『石橋湛山日記』は、みすず書房から出版されてまもなく、私が学生時代からお世話になっていた先生で、立正大学仏教学部の大学院で中国仏教史を教えていた桐谷征一博士から進呈されたもので、大切な湛山資料でもある。湛山の政治家や言論人、教育家、宗教家などの交流も知られ、湛山研究にとっての基本文献の一つといえよう。

そうした立場から、上下二巻の『石橋湛山日記』を手にしている。もちろん、言うまでもなく、『石橋湛山全集』（十五巻。後に再販され、補完を加えた十六巻）は、昭和四十八年頃に入手して読んでいたし、石橋湛山研究に関した著書や雑誌も多く手許に置いてある。

つい最近では、ＮＨＫ取材班編著『日本人は何を考えてきたのか〔大正編〕』（ＮＨＫ出版）、新進気鋭の研究者である上田美和『石橋湛山論』（吉川弘文館）、また大正デモクラシーの権威者で京都大学名誉教授の松尾尊兊先生の『近代日本と石橋湛山』（東洋経済新報社）、それにもう一冊今年（平成二十六年）に入って出版された人物叢書で、新装版の『石橋湛山』姜克實《ジャン・クーシー》（吉川弘文館）などを入手し味読している。松尾先生の『近代日本と石橋湛山』は、東洋経済新報社の主張の歴史に重ね、湛山の言論人の姿を捉えている視点にユニークさがある。

また岡山大学教授の姜克實『石橋湛山』は、コンパクトにまとめている評伝といっていい一冊であろう。三冊とも、湛山研究には必要な著書といえよう。と同時に、石橋湛山研究に参考にしなければならない人には、東洋英和女学院大学の増田弘先生の著書も挙げておきたい。

増田弘先生と姜克實先生の数冊の湛山研究の仕事によって、石橋湛山は身近になった。

むろん、その先駆者である学者、長幸男先生や松尾尊兊先生を絶対忘れてはならないであろう。大正デモクラシーの立場からの湛山論は、松尾先生の仕事が大きい。

松尾先生や増田先生、姜先生は、三人三様の研究上の感性もあり、それぞれの文体のある文章で読ませる著書の魅力があるといえよう。私はそう思って頭を下げ味読している。

三人の研究者はともに石橋湛山を言論人や政治家という型にはめず、民主主義、平和主義に通底する思想家と捉え評価している。私はそのような石橋湛山観に、ふかく共感している一人でもある。

そういう立場から、私も石橋湛山を学ぶ末派の一人として嬉しくありがたいことだと思っている。

閑話休題。

もう一つ語っておこう。否、二つほど語っておきたいことがある。

それは二〇一三年（平成二十五）十二月十四日に「石橋湛山研究学会」（石橋湛山記念財団）が、石橋湛山と関係があった立正大学品川キャンパス三三四号教室に於いて設立されたことである。

私も、石橋湛山記念財団から立正大学での「石橋湛山研究学会」設立の案内状を受け取り参加した。六十人ほどの湛山の関係者や、研究者、ジャーナリストの人たちが出席していた。設立会場では、記念財団理事長の石橋省三氏、湛山学会の会長に就任した増田弘先生や、気鋭研究者の上田美和さんも紹介され、なごやかな学会設立であった。

会長に就任した湛山研究の第一人者で、日本外交史の専門家でもある増田弘先生の小講演や、元衆議院副議長であり大臣経験者の、民主党の最高顧問であった渡部恒三氏の「早稲田で学んでいた大学院生の頃、湛山先生の選挙応援で、カバン持ちで静岡に行った」エピソードや、真の政治家《ステーツマン》として尊敬したことなどを楽しく話されていた。

湛山先生の珍しい健康ゴルフ練習の姿や、中国訪問の貴重な映像を見ながら湛山先生の歩みを知らされた。

「石橋湛山研究学会」がなごやかに終了し、出席者が教室を出ているとき、私は幸運にも会長に就任した増田先生に挨拶し、一言二言言葉を交わした。それは今まで増田先生から、手紙や葉書を頂いたことがあり、身近に思っていた湛山学者であったからだ。というのは、先生の湛山研究の著作数冊を読み、尊敬していたこともあり、かつ拙著『石橋湛山――信念を背負った言説』を贈呈させて頂き、同人雑誌などに書いた湛山先生についての拙文を送っていたことがあったからだ。

そのような拙作にも、励ましの手紙や葉書が届き感謝の念を持っていた。そうしたお礼への挨拶をしようと先生の前に行き「石村です」と挨拶するとやさしそうな態度で、「ああ石村柳三さんでしょ」とフルネームで言ってくれた。どうやらラフなスタイルで参加している私を見抜いて、詩を書いている人と直感したのであろう。それは送付した詩の雑誌に書いた「湛山の句想について」の拙文を目にしてくれていた、イメージにあったからかも知れない。

背広とかブレザーなどではなく、ラフなセーター姿であったからだと思っている。

私は「今後ともいろいろ教えて下さい」と、いうようなことを言って増田先生の前を去った。その後茶会という、大学食堂でのレセプションで、「山梨平和ミュージアム」の浅川保理事長（山梨県立大学でも教えている先生でもある）に会うことができ、浅川先生から直木賞作家で「石橋湛山平和賞」選考委員長である井出孫六先生、石橋記念財団の機関誌『自由思想』の編集責任者中川真一郎先生を紹介して頂き、十分ほど談笑し立正大学を後にし千葉に帰った。私の眼の底に結節された、消しえぬ想い出の一コマの出会いとなった。

かようなごとき縁というか、同じ月の二十三日甲府市で、「石橋湛山平和賞」の選考委員長である井出孫六先生から、表彰状を受け取ることになる。一生の嬉しい感懐となって、だ。またありがたいとも思っている。

石橋湛山という人物と、その思想や生き様については、私の関心もあり、その影響もあるので、細ぼそであろうとも研究して行こうと考えている。半ライフワークであってもだ。

以上のような姿勢というか、真摯な気持で、「石橋湛山研究学会」員の末派で精進して行くつもりでいる。


さて、再度〈閑話休題〉。ちがう、ちがう、そろそろこの「石橋湛山平和賞」を受賞しての嬉しさというか、感懐を通底しての心情を擱筆したいと考えている。

そこで、ここで筆を擱く付記として語っておきたいことは、現在石橋湛山の名前を冠した賞は、四つほどあるということである。たとえばその一つは知名度もあり、権威もある「石橋湛山賞」である。主宰するのは石橋湛山記念財団。もう一つアカデミズムな流れの賞としての「石橋湛山記念早稲田ジャーナリズム大賞」がある。これは石橋湛山が学んだ、早稲田大学が主催者。それに二〇〇八年から、やはり石橋湛山記念財団が設けた、若手研究者を対象にした「石橋湛山新人賞」もあるという。

尚、四つめの湛山を冠した名の賞が「石橋湛山平和賞」。この長いエッセイの「感懐文」につながるものだ。つまり、私の述べている嬉しさの心情でもあるといっていい。

かくのごとき立場から、この八月に刊行されるアンソロジー、『詩と思想詩人集二〇一四』（土曜美術社出版販売＝「詩と思想」編集委員会）に、石橋湛山に関する詩一篇を寄稿した。「生命の粘液」という題名《タイトル》で。

そのアンソロジーの出版を、楽しみに待っているところでもある。もちろん湛山についての詩は今まで数篇発表し、私の詩集や著書に所収している。

面白いことに、若き日の新進の文芸評論家というか、批評家として出発した湛山には、詩人についての言説した文章もある。すなわち「詩人について」の思念についてだ。湛山はそのなかで、詩人観の捉え方の一つとして、昨今の認識や理念を超えて、現実を捉えているのは詩人と予言者であろうと批評している。日露戦争後の明治の自然主義文学や因習打破のふかさについて、詩人の感性の鋭い言葉をあげているのだ。湛山二十八歳の文芸評論の言葉として（『東洋時論』後に『石橋湛山全集』一巻に所収）。

詩人も、そういう意味では文化、文明に切り込む鋭敏な感性、もしくは思想性の批評ある作品も呼応して欲しい。少々話題がそれたが詩人や文芸にも、深い理解を示して、そうした言説を吐いていた若き石橋湛山を知ってもらえればありがたい。

若い日、時代批判への評論や批評の文章を、執筆していた湛山は、やがて時代を背負い、自由主義、民主主義、人間の基本的人権、あるいは古い因習や道徳、社会問題を捉え時代をリードして行く言論人となる。同時にすぐれた経済評論家として、日本を代表する言説・言論をさけび、帝国主義としての日本の歩みを批判、軍部を批判し、戦争を批判し、日本敗戦を予見し、逸早く戦後の進むべき針路を語り、真の近代的民主主義、世界協調の平和主義を提唱し実践した、思想者石橋湛山となるのだ。

そのことを、その歩みの生涯をした人物が、身近にいたことを知って欲しい。

今や日本を超え、世界の平和主義者、思想者としての立場で、世界的に研究されている人物として。

そうした石橋湛山の真の民主主義、平和主義につながる一般社会人や中学・高校生を対象としている、山梨平和ミュージアムの一つの賞、「石橋湛山平和賞」のユニークな運動に拍手を贈りたい。

たとえ小さな拍手であっても、独自性の輝く賞の一つとして……。そして、私という個の存在の嬉しさとしてである。その生き様の力につながる感懐としてである。


〈二〇一四年五月十七日の五月晴れに脱稿〉

平成25年12月23日(日)　甲府市「県立男女共同参画推進センター」にて。
◎前列左から３人目が石村。

第三章　湛山の相逢と引き継がれる言説

詩の身近さと親しみ

石橋湛山の主治医で、九十四歳のとき処女詩集を出版した日野原重明『いのちの哲学詩』を手にして

〈一〉

彩りはじめた街の公園の樹木。

わたしの古団地の通りの街路樹も、晩秋を感じさせ、冬近しの顔をみせている。

わたしは久しぶりに杖をつきながら、十数分ほど先にある郵便局に用事があり出かけた。杖をつくようになったのは腰を痛めてからだが、すでに十数年になる人工透析による骨のもろさも、その遠因になっているかも知れない。それも四年ほど前に、風呂場でころんで腰を打ったことが原因のようだ。

そうしたことから、三階の部屋から階段を降りるのも大変だが、郵便局まで歩くのもゆっくりしか歩けず、いらいらすることもあるが、これも運命《さだめ》と思い忍耐、忍耐。そう自らいい聞かせている。

郵便局で用事を済ませ、JR幕張駅通りにある古本屋に、何ヶ月ぶりかに立ち寄る。昔はよく訪れ、古本を手にしたものだ。

まず店の前に並べられている百円コーナーの古本に眼をやる。ここには、感覚や心情に合った掘り出し物の古本もあり、嬉しかったこともあるからだ。

今回も杖をついてやってきたせいか、わたしにとっては、掘り出し物の一冊が手にできた。杖の「ご利益」なのであろうか。

その古本は、新刊同様のもので、日野原重明『いのちの哲学詩』（ユーリーグ㈱　二〇〇五年十月五日　初版発行）という詩集なのだ。それも日野原重明の九十四歳の処女詩集であるという。それも驚きだ。

この詩集の著者日野原重明は、医師（医学者）として、マスコミにもよく知られている先生ではあるが、もう少し詳しく言えば、聖路加国際病院理事長・同名誉院長の肩書を持つ、「予防医学」や、とりわけ「終末期医療」の先駆者的存在の先生であるのは承知していた。また著書も数多くあり、とくに「生き方」に関する著作が、読者をひきつけている。キリスト教徒としての、愛と慈悲を背負う医師としても知られている。それに、もう一言付記すれば一九九九年文化功労者にも選ばれている。その後、文化勲章も拝領している。

わたしも数年前になるであろうか、日野原重明先生の『死をどう生きたか――私の心に残る人びと』（中公新書）を、千葉市の大きな書店で入手し読んだことがある。

今回わたしが古本屋で入手したのは、詩に興味を持ち、詩作している一人としての想念というか、立場からこの詩集『いのちの哲学詩』を手にしたのかも知れない。

もちろん詩集を出した、詩人日野原重明の感性への興味と共感があったからである。

そしてまた、忘れてはならないのが、医者としての日野原先生は、わたしの敬愛し、人生の生き方の風景というか、指針を教えてくれた言論人で思想者で、さらに政治家として総理大臣になった石橋湛山が、総理就任後まもなく病に倒れ、入院されたときの聖路加病院の当時の担当医であった。またその後、湛山先生が昭和四十八年八十八歳で亡くなるまでの、主治医といってもいい存在であった。

そのようなことを、わたしは石橋湛山研究の専門誌である『自由思想』第一〇〇号（石橋湛山記念財団）で知り、就中《なかんずく》石橋湛山の大切にされた『法華経』の「雨新者《うしんじゃ》」の精神「香風時来《こうふうじらい》　吹去萎華《すいこいけ》　更雨新者《きょううしんじゃ》——香ばしい風が時々来て、萎《しぼ》んでいる華《はな》を吹き去り、さらに新しい者を雨《ふら》す」（化城喩品第七）を、日野原先生はふかく理解し、共感の精神を語っていた。

そういう宗教的な真味というか、理解の精神を矜持していたことは、日野原重明という医師も、キリスト教徒としての宗教的真味を背負う、思想者の歩みをしているからでもあろう。

石橋湛山もキリスト教徒ではなかったが、思想者として聖書を繙き、感受し、ふかい仏教徒として仏典を大切にした。とくに湛山先生は、その枕頭につねに『日蓮遺文集』とともに、『聖書』を置かれていたといわれている。

そのような思想者としての人間的求心の歩みに、日野原先生と湛山先生はどこか通底し、共通する信念を内在していたとも言えようか。

これは余談だが、日野原重明も石橋湛山も青春時に文芸書や哲学書にも親しみ、それが日野原重明をして、晩年の詩集を生み、かつ詩人とならしめたのかも知れない。

むろん語るまでもなく、石橋湛山は恩師であった田中王堂や島村抱月の影響で、新聞記者や編集者をしながら、文芸時評に筆を執り、新進の文芸評論家としての足跡を残している。『石橋湛山全集』全十五巻の一巻、二巻はそうした湛山の息吹が収められている。

とまれ、日野原重明は数年前にも『文藝春秋――日本の肖像』で「日本人の肖像としての石橋湛山先生」（平成十四年十二月臨時増刊号　特別版）を執筆し、湛山先生の人物や思想を語り、われわれに湛山を理解させてくれている。

すなわち、そうしたわたしの「石橋湛山研究」の立場から、医学者で、思想者である日野原重明は、一人の人間、あるいは『いのちの哲学詩』の詩人として、千葉市幕張駅通りの古本屋の百円コーナーで出会ったのだ。

わたしにとっては、こころ躍る嬉しさであり、超掘り出し物の質の高い詩集との相逢《そうふ》となった。こうして、この詩集は晩秋の贈り物のごとく、わたしの手に入り、ここ数日味わいながら読ませてもらっている。感謝と共感の念をからめながら。

〈二〉

さて、この『いのちの哲学詩』という詩集は、二〇〇五（平成十七）年に出版されたが、その装幀はいのちを通底した哲学詩にふさわしく、色づいた秋の木の枝葉が、ちょっと赤味がかったクリーム色を下地に、うすく交差し合った枝葉を描いているもので、しっくりと落ち着いた哲学詩をイメージする上製本となっている。

構成というか目次は、全五章から成っており、その一章は「いのち」、二章は「生きる」、三章は「旅の途中で」、四章は「愛」、そして最後の五章として「幸福」がある。

それに［はじめ］と［おわり］の文があり、その［おわり］に佳篇とも言える、もう一篇の詩がある。親切な注も詩篇につけられており、A５判の八十五ページ。全二十八篇だ。

分かりやすい言葉で、心にひびく詩語《フレーズ》も多い。

そこで、わたしの思念というか、心情に共感した詩をまず見てみようか。

その前に少々説明しておくことがある。たとえば、「いのち」の詩にはサン・テグジュペリの『星の王子さま』の王子が地球のサハラ砂漠に降り、地上の狐と親しくなり一年後に恋しくなった星に帰るとき、狐にこう言ったという。

「大切なものは目には見えないんだよ」

の言葉を、重く詩行に擱《お》いている。このテーマを見据えながら、「いのち」の作品ができたのであろう。

いのち

（前略）

私は次いで言った
「いのちは君たちの使える時間だよ」と
私は聴診器を子どもたちめいめいに持たせて
隣の友達の心臓の音を聞かせこう言った
「この心臓の音が三分間止まってしまうと
その人間の脳には血の巡りが止まってしまって〝脳死〟となる」と

そうなる前に
蘇生術《そせいじゅつ》のできる人が現われて
心臓をもう一度打たせないと
その人は永久に帰らなくなる

君たちに与えられた
君たちの自由になる時間　君たちのいのち
それを君たちは誰のために使うのか

自分だけのためか
困っている人のためにか
会ったことのない南半球の貧しい国の子どもたちのためにか

君の心と知らない人の心とを繋《つな》ぐ糸は見えないが
その見えない糸に君のいのちを注ごうよ

本当の愛は目に見えないもの
その目に見えないものは
天には宝として積まれよう

なかなか哲学的詩心のあることが知れる。

それは人生の長さだけによるものではなく、この日野原重明という眼や耳、思惟の人生観や、知性観、思念観から来るものでもあろう。

そうした、それらをトータルした感性の流露として、ここに「いのち」の詩が生まれたと言えようか。

そう、その他にも「いのちは循環する」の作品も、このレール詩線につながるものでこころを打つ。ここにも、医師としての人生を長く歩いてきた経験があるであろう。否、それよりも、身近に「生命《いのち》」に接している人命のレール上にあって、人の命を凝視し、かつ自然のもつあるがままの力、季節の風光や風雪のエネルギー、風景の精神力に調合され、その天然性のつつむ浄化《いやし》の力も生命のありようとなして、詩想詩心をうたっていることだ。

人の知性と自然の適性に循環する感性のレールとなって、「生きる」ことの必然性の尊さを讃える詩となっている。

その「生きる」ことへの大事さの詩想を、それではここで全行引用してみたい。

素朴な生活　思いは高く

人はこの大自然から
生きるに必要なすべてを
贈り物として受けてきた
何億年にもわたって

それは光　熱　空気　風

雨や霧　雪からの水
緑の山と紅葉する樹々
四季の野と碧《あお》い海
花と昆虫　その他の生物《いきもの》
そして山や谷をかけめぐる動物の群《むれ》

エデンの園を追われたアダムとイブの子
カインの末裔《まつえい》としての現代人は
自然や生けるものの命を何と数多く奪ってきたことか

現代人よ　そろそろ自然に帰ろう
文明に限界ありとの教えを謙虚に受けて
平和な自然の生活に少しずつ戻って行こう

そう素朴な生活に　しかし思いは高く

実際にこころなごむいい詩篇だと思う。

ところで、いうまでもなくこの詩には、あの英国の浪漫詩人であるウィリアム・ワーズワースの影響もある。日野原はワーズワースも愛読していた詩人であったことが知れる。

キリスト教的な人間性の愛と、仏教的な人間性の慈悲を回路した、人間の内在すべき「水のように形なく、風のように姿が見えない」澄んだ感性を背負う、この詩人の秘めた思念者としての詩人魂を眼底に留め、精神のつつむ「いのち」の沈黙の重さを凝視している。人の世の愛と自然の風光を、わたしたちに想念させるように放散してくれる。

〈三〉

この詩人は愛と美のふかい人間性と、そこに重要な接点をなす、自然の空気や四季、風や光、雨をクロスする大きな自然有漏《じねんうろ》を貫き、心的風景をぶら下げたテーマとしても、この『いのちの哲学詩』をうみ、捉え、わたしたちに讃誦《さんじゅ》していることだ。「心」というか、「精神」というか、「感性の魂」を内在留眼し、独自の命終観の詩想を伝えていることだ。

「勇気ある行動」「老樹」「形のない水」「春の訪れ」「受容されない欲望」「真の希望を」などの、有漏（欲望）の悲しみを感受している詩群もあり、そこに日野原重明詩集を読む者に少なからぬ「生きる人間」としての呼応、そこに流露する「幸福」との問いをさけんでいる。

そうしたことから、ここには独りの人間、もしくは医者としての眼において、あるいはそれ以上に秘められているこの詩人の感受性の風土、教育的風景の土壌の中に培われて来たことが知らされる。

つまり、それは日野原重明の歩んできた足跡というか、人生のレールの来歴を垣間見ても分かるであろう。それは日常における、父の姿の影響を受けていたことだ。父は明治期に渡米し、アメリカのある大学で神学を学んだ後、帰国して牧師となり、西欧米風の教育観を持っていた。たとえば詩や文学、哲学などの心情的な影響が、そこにあったであろうと思われるからだ。

日野原重明は旧制中学から旧制高校（第三高等学校）に学び、そして京都帝国大学医学部に学んでいるエリートの来歴をもっている。

その旧制中学時代には、友人たちと詩を書き、「ポエジー・ブランシュ（白い詩）」という季刊詩集を三年間出したりしていた。

青春時の下地というか、思い出の感情としてこの処女詩集で回想もしている。とくに、青春の頃はゲーテやイギリス十八世紀の詩人、A・テニソンなどの詩集を読んだという。テニソンの詩集は、父の持っていた原書の詩集を愛読したともいっている。若い時からすでに文学的眼というか、つつまれた才能はぶら下っていたのだともいえようか。

また高校生になり、人生の大きな歩みや、強固な信念に血脈したものに、アルベルト・シュヴァイツァー医師の自伝『わが生活と思想より』があり、大人になってからはアメリカ医学の開拓者、ウイリアム・オスラー博士の講演集『平静の心』、さらにマルチン・ブーバーの『我と汝』、第二次世界大戦中のナチスによって知られるアウシュヴィッツ捕虜収容所の、大虐殺を記録した著書であるヴィクトール・E・フランクルの『夜と霧』などが、強烈な印象として、この詩人の精神にあるという。

まこと医者としての実践と、研究、診察、数多くの眼にした書物と、経験としての認識から、生まれいづるようにして、生まれ、詩言語されたのが本詩集の『いのちの哲学詩』である。すぐれた鋭敏な詩性の作品となって、わたしから離れ難い問いと共感を抱かせながら。

早くから提唱した予防医学、終末期医療という命終にかかわる信念を歩いている現役の医師詩人の、人生のレール詩集ともいっていいであろうと考えている。その生死のレール詩人だ。

そうした意味からも、わたしは眼に留めたいし、他人《ひと》にも伝えたい一冊の詩集であるといいたい。それが、この詩集に対してのわたしのささやかな批評でもある。

わたしは、日野原重明詩集『いのちの哲学詩』を味読しながら、詩のもつ眼に見えぬエネルギーこそ、秘した尊さの力でもあろうと思っている。そうして、この詩集との出会いは、もっとわたしを深めてくれる《相逢《そうふ》》になるであろうと感じている。

言い換えれば、出会いにもいろいろあり、出会ってもすぐ解消する縁のうすいものもあるし、それをさらに粘着し、ふかめて行く出会いもある。それを《相逢《あいあう》》ことの「そうふ」という。その精神の必要さを教えてくれる人生の詩集とも、『いのちの哲学詩』はいえる。

わたしに在ってはそうしたことでも、嬉しいことである。感謝である。

さてそろそろ擱筆したいと思うが、おわりの引用詩篇として、もう一つ「おわり」の文章から、佳篇と言ってもいい、「出会いに甦る㈠」を掲載しておこう。

出会いに甦る㈠

出会い
出会いは何時《いつ》のことかわからない
それは何時降ってくるかもしれない
つゆの雨のようにか
はたまた夏の驟雨《シャワー》のようにか
出会いはあなたの目の前に予告なく展開する
その瞬間のあなたの目の輝きは
若ものの胸をときめかせ
老いているものにも　過ぎにし青春を甦《よみがえ》らせる
出会いは
何時くるかもしれない未来を

今突然　あなたにもたらす
だがいよいよの生涯の果《は》てに
本当の自己に会えることができれば
その出会いは最高の自己実現なのだ

詩人日野原重明は、これを《邂逅《かいこう》》という。それも「自己最高の実現」だという。「出会い」つまり《邂逅》は、仏教の禅語でいうところの《相逢《そうふ》》でもあるのだ。

必要としての出会い、邂逅は、人であることの大事さを絆とする「最高の自己実現」ともなる「相逢」に回帰する。

わたしもそう思念し認識する。わたしの人生風景の生き様の回帰風景として……。

詩集という書物での『いのちの哲学詩』との邂逅ではあるが、これも感性の精神を當身《とうしん》の大事《だいじ》としなければならない、詩人の魂のありようにも通ずるものがあるであろう。

そうわたしは微笑んで、感受している。


〈二〇〇九年十一月二十四日　脱稿〉

石橋湛山と辻井喬

〈一〉

日本の近現代史に大きな足跡を残した言論人で、政治家であった石橋湛山と、実業界でその存在を知られ、やはり大きな仕事を成し、また作家・詩人として文学方面でも、一つの足跡をつけた辻井《つじい》喬《たかし》。

この二人の人物にどんな接点があり、関係があったのか。何となく興味のわくことであるかもしれない。

そこで、まず辻井喬という人物について、簡単に語ることが先決であろうと思う。

辻井喬という名前は、作家・詩人として使用している筆名《ペンネーム》。本名は堤清二氏という、あの西武グループの一つである西武百貨店、パルコ、あるいは西友ストア（スーパー）を率いた総帥であった。

そういう訳で辻井喬という名前は、文学方面での活躍の一方の分身といっていい。

父は西武王国（鉄道を含んだ西武グループ）を創った堤康次郎で、政治家でもあった。政治家としては、衆議院議長をつとめた人物。

辻井喬は、東京大学に学んだエリートであったが、学生時代にマルクス主義に走り、共産党に入った運動家の一面もあったといわれる。後に、父康次郎の秘書となり、一九五四年西武百貨店に入社し実業家と作家・詩人の二足の草鞋、つまり二つの顔をもつ来歴をもっている。

詩人としての活躍は、同人誌「今日」に参加し、その創刊号では「われわれはここで一つの共和国を作りあげようとしている」と宣言。同人には飯島耕一、平林敏彦、入沢康夫、大岡信、辻井喬、清岡卓行、多田智満子、難波律郎他のメンバー。

第一詩集『不確な朝』をはじめ、『異邦人』『宛名のない手紙』『誘導体』『沈める城』『群青・わが黙示』。さらに『箱または信号への固執』『たとえて雪月花』『ようなき人の』『時の駕車』、また友人武満徹への追悼詩集『呼び声の彼方』などがある。詩想としては、人間の固有の普遍性をめぐる難問と対峙した作品をうんだ。

詩人賞としては、「第二回室生犀星新人賞」「第十五回地球賞」「第二十三回高見順賞」を受賞（『現代詩大事典』三省堂）。そのほかに小説や評論も執筆している。小説では、確か谷崎潤一郎賞も手に入れている。

そうした、文学者としての才能ある顔をも見せた辻井喬＝堤清二。まさしく、そういう意味では異色の人物といっていいであろう。

その彼が戦後、言論人《ジャーナリスト》で東洋経済新報社の社長から政界に転じていた石橋湛山と出会い、かつまた「石橋湛山のファン」になったという。そのファンになる出会いとは、一体どういう切っ掛けであったのだろうか。

そのような視点から考えても、この二人に興味があり、それ以上の面白い組合わせの関係というか、人間像が浮かんでくる。

では、石橋湛山と辻井喬との関係はいつ頃で、どのような立場での出会いだったのか。具体的にそれを述べるならば、ちょうど一九六〇年の「日米安保条約」を結んで、世論の反対運動が激しくなった数年前になろうか。

吉田内閣が倒れ、鳩山内閣が誕生し湛山が通産大臣の職にあった時だ。辻井喬が西武百貨店に入社した一九五四年であった。国鉄山手線池袋駅（現ＪＲの池袋駅）に、丸物が進出したので、それへの反対の陳情をするために、当時の通産大臣石橋湛山を訪ねたといわれる。

その時の対面で、湛山が堤清二（辻井喬）に話したことは「民間の活動には口を挟まない」という、石橋大臣の姿勢にあった。

実業家として出発し、通産大臣に会った辻井は、この湛山の人間的立場に共鳴し、利害を超えて石橋湛山という人物のファンになったというのだ。この話はある機関誌による（石橋湛山記念財団の機関誌『自由思想』133号「編集後記」＝編集人　中川真一郎を参照）。

ともあれ、こうした石橋湛山と辻井喬という、著名な人物の出会いというか、それ以上の〈相逢《そうふ》＝出会いを超えた出会いからの敬愛〉は、どこか精神にあたたかな人間としての友情と申し上げればいいのか、固い信頼、もしくは共感され、ほっとするやすらぎの人間関係を知らされる。ふふっとほほえましい、美しい話でもあろうか。

かような出会いから数十年後、辻井喬は文学者としての立場から「日本中国文化交流協会」の前会長として活躍したことを讃え、去る四月三日現会長の作家黒井千次氏の許で、「辻井喬さんを偲ぶ会」が都内のホテルで開かれたという。この辻井喬を偲ぶ会には、生前彼との交流があった文化人三五〇人が集まり偲んだと（「毎日新聞」）。

この偲ぶ会の中で、黒井千次「日本中国文化交流協会」会長、ならびに池辺晋一郎理事長、そして程永華駐日大使らの挨拶があった。とくに程永華大使の語ったことは「辻井さんの多くの作品が中国で翻訳され親しまれている。尊敬すべき中日友好の使者をいつまでも忘れない」ということであった。

生前の辻井喬は堤清二という実業人と、作家・詩人としての文学者という異色の才能を兼ね備えた二つの顔《プロフィル》を背負っていた。

石橋湛山との直接の交流と言うか、面識は実業家としての立場からであろう。が、もう少し因縁的な話というか、掘り下げた歴史的見方から捉えれば、もう少し理解できるかも知れない。さて、その理解とは何であろうか。

それは石橋湛山の生きた時代、さらには歩まねばならなかった言論人としての態度を見れば分かるであろう。

若い時からの戦争否定の人間で、明治の戦争謳歌論にも反対であったし、大正末期から昭和二〇年まで軍部横行の時代、就中《なかんずく》、侵略戦争の植民地、さらに太平洋戦争への批判。さらに社会や文化文明にとっての言論の自由、人間としての人権。平和への強い希求を身をもって闘ってきたこと。まして晩年の世界平和に掛けた実践の足取りは、信念の言論人、信念の思想者であったことを教えてくれた人間であった。すべての人、世界の多くの人に平和をもたらす理想を願った平和主義者であったからだ。

そういう人間としての立場から、中国や朝鮮などの植民地化を批判し、侵略戦争に反対し、戦争終了をいち早く願い、日本の復興や侵略した国々の平和も願った。

そうした現実の歴史の歩みの中から、「日中の国交樹立」を願い、鳩山内閣の後を受けて、第五十五代内閣総理大臣に就任したが、病のため、わずか二ヵ月余の総理大臣としての退陣をよぎなくされた。「日中国交正常化」は石橋内閣の公約の一つでもあった。

そうしたことから、「日中国交回復」は石橋湛山の平和を願う立場からの夢であり、希望でもあったので、まだ体調がよくなかったけれど、生命《いのち》あるうちにと、中国との国交樹立を願って、また実現を夢みて足をひきずりながらも、中国に飛んだ。その時、飛行機のタラップから降りた湛山は側近の人の肩に抱えられ中国用人に迎えられたという。その会談で周恩来首相や国家主席となった毛沢東とも会って、日中の架け合う橋となり、敷衍のレールをつくった。石橋湛山という人物の、強固な信念と哲学からなされた執念の訪中であった。その後もう一度中国を訪問して友好に尽力した。

それともう一つ、ソビエト連邦も友好のため訪問したと私は記憶している。そのこともここで、話しておきたい。

〈三〉

中国（中華人民共和国）との「国交樹立」、すなわち「日中国交正常化」は一九七二（昭和四七）年で、この年は大きな変革の出来事が二つあった。

一つは五月の「沖縄返還」であり、もう一つは九月の「日中国交正常化」であった。佐藤栄作の後を継いで首相になったのが、ブルドーザーとあだ名された田中角栄であった。自民党の実力者でもあった。

総理大臣に就任した田中角栄は、日本の歴史や外交史に足跡を残した「日中国交正常化」といわれる日中の国交樹立を遂行《すいこう》しそのフラッシュを浴びていた。

そうした大事な責務のため、中国を訪れる前に首相としての田中角栄は、中国との国交樹立という正常化を誓願していた下落合の石橋湛山邸を訪れ、病に臥していた湛山の枕元で、「石橋先生、これから中国との国交正常化のため行ってきます」と挨拶されたと語られている。中国との公約を締結し、帰国したときも挨拶に来られたという。

石橋湛山の誓願であり、夢であった中国との国交正常化が出来、その実現のレールを敷いた石橋湛山や同志たちの人びとも、さぞ喜び嬉しかったことであろう。石橋湛山という稀有な人間、言論人、政治家、そして活動した思想者、世界平和主義者としての〈平和〉を願った石橋湛山は、その翌年一九七三（昭和四十八）年八十八歳の自らの生涯を閉じたのであった。

その生涯は自らの信念と理念のため、かたつむりのようなスローにも見えたが、確実の実践活動をもって生きた人生でもあった。

仏教的に申せば〈色読の人生〉であった。日蓮宗の高僧の子に生まれ、他人の飯を食って青春時代を過ごし、日蓮的な生き方の影響をもぶらさげていた湛山は、早稲田での田中王堂先生やキリスト教の影響も受けて、色読（仏教でいえば身をもって実践、行動する姿）した一生でもあったといえよう。

いずれにせよ、石橋湛山と辻井喬という二人の人生の生き様というか、来歴を透かして見れば、そこにどこか見えない糸で繋がっているようでもある。作家、詩人であり、企業のトップの経営者でもあった辻井喬、すなわち堤清二。一方石橋湛山は偉大な言論人であり、東洋経済新報社という出版社の社長。それも我が国では最も古く、実績のある経済政治を論じる経済誌。インテリや経済界の人間に読まれた学術的雑誌や書籍の出版経営者でもあった。

そうした視点から二人を捉えても、たがいの縁の糸、あるいは見えない糸で結ばれていたとも思われてならない。私はそのような見方もしているのだ。

私は石橋湛山記念財団発刊の、『自由思想』一三三号、編集人の〔編集後記〕を読みながら、ふと石橋と辻井の二人の「縁の糸」を念じ、「相逢《そうふ》」という出会いを超えた信頼と敬愛のあり方を教えられた気もするのだ。否《いな》、そのことで知らされたのであった。

とくに若い頃から湛山も辻井も文芸というジャンルに携わり、文章を書いていたことだ。湛山の場合は、早稲田の田中王堂先生の哲学や自然主義文芸の理論的指導者、島村抱月先生の教えを受けながら、自然主義文学の一定の役割とその終焉を認識し、批評と批判の気鋭ある論評を執筆。辻井も詩や体制批判を書き、時代のさけびをした。そうした青年時代のことを二人重ねてみたりしている。湛山は、石川啄木が自然主義文学を批判した「時代閉塞の現状」を執筆したころ、同時かそれ以前に自然主義文学の行き詰まりを批判し、新時代の到来を予見していた。かくのごとき詩人の思念や像についても、詩人の姿勢やフォルムの大切さなどを論じている評論もある。

そうした若い頃の石橋湛山の、新進評論家の歩みを知らない、今日の詩人も多い事であろう。さような青年時代の湛山から、東洋経済新報社に入り、やがて経済学を独学し、経済評論家、もしくは文化、社会、民主主義、平和主義、自由人権や因習、哲学、教育、組合運動、労働問題、地方の有り方、農業、貿易、福祉、婦人問題、経済、外交その他に健筆をふるい、後の石橋湛山、思想者石橋湛山へと転化し、そうした将来の社会問題を批評し、日本の平和、世界の平和の到来を願った言行一致の人生であったといえよう。在野の精神を魂とした言論人ともいっていい湛山。

それも「大日本の幻想」の過ちを、回路させながらの論理を説いて批判している。そしてそこに言説されたのが、「小国主義」の大切さと必要性であった。そのためには、軍部の横行にも批判を加えたのであった。軍部出身の陸軍大臣となり、さらに首相になった権力者から命令され官憲から目を付けられた湛山が、運よく逮捕をまぬがれ終戦を迎えた。そこには民主主義者、平和主義者であった湛山を陰で守った政府の用人や官憲がいたとも語られている。

石橋湛山は戦中にありながらも信頼できる政府高官に、日本の敗戦する予見を伝え戦後の復興の大事さの、計画を立てるよう進言したといわれている。大いなる信念を矜持していた石橋湛山という、言論人思想者がくっきりと浮かび、投影されているのが知れよう。

さて、辻井喬という詩人は小説家としての力もあり、その後首相に就任した大平正芳をモデルにした『茜色の空』の作品を描き出版された。『自由思想』の編集人の中川真一郎さんは、日中文化交流会にも力を注いだ辻井喬という文学者が、「日中国交正常化」のふかいレールという土台を作った、石橋湛山を小説として書いて欲しかったと残念がり、一三三号にその気持ちを執筆していた。私も編集人中川さんの意見に同感であった。

石橋湛山の言論人としての姿は人物評伝の大家で、その開拓者の一人でもあった小島直記の小説『異端の言説　石橋湛山』上下（新潮社）として書き下ろし出版され、私も味読しふかく共感し、学ばされた二冊であった。

だがしかし、政治家となり「日中の架け橋」の使者として、自ら実践した姿の小説はまだ無かった。その評伝作家の第一人者の小島直記は辻井喬より、七、八年前に亡くなり、今また石橋湛山の作品を書ける辻井喬も一年前か、二年前かに亡くなっている。本当に残念なことである。

最後になってしまったが、詩人辻井喬はその生涯を終える前に、山梨県で育った石橋湛山の記念館でもある「山梨平和ミュージアム——石橋湛山記念館」を訪れている。山梨県の甲府市にある「山梨平和ミュージアム」の理事長も、辻井喬の来館を喜んだことであろう。

私は辻井喬が「石橋湛山ファン」になったという敬愛の精神が、やはり「縁の糸」で結ばれていたことを想念している。「縁とは」因果であり、結果がある。その縁とは、二人とも言論や文学の道にも生き、日中友好のために行動し、どこか通じ合う創造者であり、言葉や思想の発信者でもあったことだ。

二人の執筆人で、平和主義を願った言論人と詩人もあの彼岸の世界で、談笑しながら語り合っているかも知れない。嬉しいことだ。そして、目に見えない人との相逢《そうふ》や縁の大切さを教えられ、学ばされる自分がいる。

人との縁を知り、生きることは一つの幸せの感性であり、生き方であるかも知れないと思う昨今である。

〈二〇一四年八月二十六日　脱稿〉

拝啓　中村不二夫様

――中村不二夫『辻井喬論』を読んで〈人間として往かねばならぬ『宿縁の声〉

＊

やっと秋らしくなり、自らを木の葉に重ねる昨今ではあるが、中村不二夫さんにおかれましては、お元気のことと思っております。わたしは何とか生きております。

ともかく畏敬する中村不二夫さんと会うことがあれば、嬉しいと願っております。わたし自身の体調のこともあり、あまり外出せずにおります。本当に中村さんとはご無沙汰しております。が、それにもかかわらず、いつも中村さんの新刊書が出れば、わたしの如き者にも贈呈たまわりふかく感謝しております。ありがとうございます。

過日にも、日本詩人クラブ講演「辻井喬論」のお知らせのお手紙を頂きながら、聴聞にも行けず、申し訳なく思っております。

それも、日本詩人クラブの通信や日本現代詩人会の一文で、中村さんの活躍を拝見して嬉しく思っておりました。そうした折りに大著というか、それこそ労作と言ってもいい『辻井喬論』（土曜美術社出版販売）が贈られてきて、ありがたく感謝あるのみでした。

わたしは、この力を込めた労作とも言える『辻井喬論』を、じっくり時間をかけて味読させて頂きました。

それは、わたしの私的な興味というか立場から、日本の近現代の言論人で政治家であった石橋湛山を、堤清二（辻井喬＝詩人・小説家）が人間として敬愛していたということを知っていたので、辻井喬という詩人に親近の感情を覚えていたのかも知れません。

その辺のところをもう少し語れば、石橋湛山が鳩山内閣の通産大臣の職にあった当時、国鉄山手線池袋駅に丸物が進出した件で、堤清二が石橋大臣を訪ね、話をかわしたと言われる。その対面の中で、湛山が堤清二に言ったことは、「民間の活動には口を挟まない」であった。堤は、その石橋大臣の態度に人間としての感銘を受け、ファンになったという。

堤清二すなわち辻井喬が、共産党からスパイ容疑をかけられ共産主義から離れ、父堤康次郎のレールを継ぐべく、実業界に本格的に足を入れた頃であった。又、もう一つは石橋湛山が政治家としての「日中国交回復」を願い、その下地に努力し行動した信念、あるいは徹底的自由主義者、民主主義者としての言論人である湛山の存在を知っていたからかも知れない。

さらには、辻井喬が亡くなる前に、「日本中国文化交流協会」の会長としての立場にあったので、石橋内閣の公約であった「日中国交回復」の願望の精神を、認識していたであろう。

そうしたことも、堤清二が石橋湛山を尊敬していることに通底していたことであろう。

事実、その敬愛の足跡として、堤清二（辻井喬）は、亡くなる前に山梨県甲府市にある「山梨平和ミュージアム――石橋湛山記念館」を訪れていることも、石橋湛山と辻井喬の人間の感性を流れる思念があったといえよう。

さらに加言すれば、湛山には『石橋湛山全集』十六巻の大著作があり、辻井喬にも詩や小説、評論、経営（経済）、文化に関する書などの、驚くべき大著作がある。そして石橋湛山は、平和主義者として世界的に研究されており、辻井喬も経済人堤清二、もしくはそれ以上に詩人、文学者として研究されており、これから益々いろんな人によって研究され、書かれていくであろうと思う。その待望の一書が中村不二夫の『辻井喬論』といっていい。

湛山や辻井の二人も、若い頃から文藝に手を染め、湛山は早稲田の学生の頃からあの自然主義文学の島村抱月と関係があり、『早稲田文学』や読売新聞、毎日新聞、『文章世界』などに文芸評論を執筆し、新進の文芸評論家として知られていた。ちょうど石川啄木が自然主義文学批判の、『時代閉塞の現状』を執筆していた時期に当る。詩人辻井喬も東大時代から、詩や評論などを書き、文藝とともにマルクス主義に走り、情熱を燃やしていた。

とまれ、石橋湛山はその後、日本の草分け経済誌である「東洋経済新報」で政治、経済、自由や民主主義、社会問題、治安維持法、文化思想と闘う言論人となり、軍部批判や小日本主義で大日本主義の幻想を否定した。その生涯は、二〇世紀の稀有の言論人と評価されている。言論人と政治家という二足の草鞋。否、それに教育者（第十六代立正大学長）としての三足の歩みをした湛山。いろいろな苦悩や二律背反の立場に在ったであろうが、しかしそれらの歩みというか、人生を自らの一体不二の存在として命終した。
その人生としての呼応の生き方、感情感性のありようは、われわれに強い影響を残し、かつ教示し学ばせてくれている。

＊

中村不二夫の労作『辻井喬論』。実業界のホープとして君臨した堤清二は、日本文化やその商業的創造世界に足跡を残し、かつもう一つの顔を内発し、文学者としての詩人・小説家等の人間として活躍。詩を書いているわたしには、辻井喬の名前の方が経済人堤清二氏よりも、身近でありながら近づき難い存在の人であり、文学者であったと言える。思念のふかい思想詩とも捉えていい孤高の思想詩人、辻井喬。

吉本隆明も思想詩人であるが、それと異なる感情や感性もあり、出自からくるぶら下げ、背負わねばならぬ消えぬ苦悩。つまり「妾の子」として生まれたがゆえの父堤康次郎との、確執や和解。自らの運命としての歩む、経営者と文学者の悩み。それらを引きずりながらの人間としての歩み、否、否、人間性としての心奥の叫び。

それらの叫びの声が、苦悩の声、沈黙の声のことばとなり、詩や小説などの作品を線輪しながら、辻井喬をうんでゆく。本書の著者の中村不二夫はふかく彼を分析し、この『辻井喬論』で論じている。

そこには、出生した自らのこと、その豊かな生活の中でも消えうせぬ悲しみや、現実の社会への在り方と進行の捉え方。そこには、常に現在という経済的、物理的な人間と、さらに幻想や理想にも想像を放散する詩や小説の創造世界。ときにはその位置に二律背反し、悩み、ときには喜怒哀楽したこともあったであろう人間堤清二こと、辻井喬のことを。

実業界のトップに、足場を築いた堤清二という現実の鋭眼の一人。そして辻井喬という想像者の詩人・作家としての因縁を内在するもう一人。けれど一人の人間の内面にはらむ二つの立場は、矛盾するような厳しい現実であるが、よくよくその因果を見れば、その二つの存在の分身も、一つの実存の姿であり、真実の存在であり、一体不二の自身であるといえよう。

悩み苦しみ、悲しみ、喜ぼうが、そして二律背反する業であろうが、その絡む糸をたどれば、一体不二の自らに思い至るであろうから。

そのような人間としての、引きずらねばならぬ存在の、心情心理の吐かねばの言葉が、この詩人の生きる真実のふかさの暗示であろうと思うのだ。

人間の真味のこころとは、人間の消すことの出来ぬ因果の悩みの声は、二足の歩みをしようが、それ以上の多足の歩みをしようが、結局は一途に救われる魂の平安にあるのかも知れない。そうしたことをも共感させてくれるのが、『辻井喬論』の本書でもあるのだ。

まさしく昨今の出版された著書にあって、一冊の大著であり、労作でもあるといいたい。

わたしは、ただただこの中村不二夫の『辻井喬論』に頭を下げている。むろんそこには、人間の宿縁とも思わねばならぬ大切さを教えられます。

そうしたなかでも、辻井喬が「妾の子」と呼ばれた子供の頃の記憶については、本書の著者の中村不二夫さんは、目次「Ⅸ　小説『虹の岬』の美意識」の一文で述べている。それは、辻井とその母をテーマにした小説『暗夜遍歴』（新潮社）で、作中の主人公（辻井喬）が経済的に恵まれているとか、父が大会社の社長だという「肩書きや家柄なんて、結局記号で、人間の値打とは関係ないって考えられるようになった」と、真面目に素直に生きる尊さを宣べていることだ。

そのような肩書や家柄を否定した拠に、詩や文学を歩む、もう一人の真剣な人生を求道する自身がいたことを見出し、内在内発する静謐な魂を、やすらぎとしたのであろうと思う。

仏説である原始仏典『ブッダのことば――スッタニパータ』（中村元訳　岩波文庫）に「生まれを問うなかれ。行いを問え。」のふかい詩偈があるが、そのことばをわたしは浮かべてみるのだ。人間というか、人生を肯定的に、やすらぐものとしてである。

そのようなどこか、魂というか精神のやすらぎの救いに於いて、その人間として往かねばならぬ秘めた径が有るのであろう。そのような真実の内発された心理というか、感性が辻井喬という彩絵としての感受性でもあったと思う。

自らの生き様は自らの「當身の大事」として自覚し、美学として胸に秘めていたともいえようか。

西武グループの一翼を担い、その名を知らしめた堤清二（辻井喬）は、経済界及び文学界の二つの道を歩んだが、しかしその生涯を駆けての當身の救いの安心は、肩書や家柄ではなく、真実の精神の声であった詩人にあったのであろう。それをどこかで受け止め、認識していたと思う。そのようなやさしさも、『辻井喬論』の中村不二夫は伝えてくれている。

先に記した『ブッダのことば』にリフレインされ、叫んでいる「ただひとり往く犀のごとく」の詩偈を、実業家と文芸家として歩いた堤清二という詩人の辻井喬だが、互いの二つの職業を背負いつつも、根源的な自らの平安の生き方は、詩人としての呼応と、その感性の解放にあったことは揺るぎない事実だと思う。

二律背反の悩みをぶら下げつつも、自らを影絵的世界から飛翔させ、この辻井喬論を書いた、中村不二夫という著者の鋭敏な眼にも、知見のふかさを覚えざるを得ないのだ。そうわたしは思念するのです。むろんそこにはこの本書の著者を始め、辻井喬の人間的な余りに人間的な心情も含まれていよう。

そして、その人間的凝視の中村不二夫の種子こそ、辻井喬という詩人を敬愛する共感があったのであろうと推察する。

詩人や小説家として、論じられる辻井喬もそうであるが、この本書の著者である中村不二夫も、心底に巻かれる共通的な機微があったからであろうとわたしは考えている。機微の心情を知るということは、他者への優しさがあり、思いやる感受性があるからであろう。人としての大事さでもある。

辻井喬の詩言語や小説には、そうした深層心理の叫びもかくされていることを、この『辻井喬論』にあって教え、学ばされていることを知るであろう。人間の生き方というか、そう生きざるを得ない運命の関係性を考えさせる一書である労作として。

＊

ところで、わたしがこの『辻井喬論』の本書で、特に気になり興味を持ったのは「Ⅷ『風の生涯』と水野成夫」のページだ。それは東京大学在学中から、辻井喬が共産主義に走りオルガナイザーの活動をしていたが、戦後のある時から共産党幹部の一部からスパイ容疑をかけられ、日本共産党を離れて行く。そこには当時の共産党内部の路線対立などがあり、資本主義のレールを敷く、父康次郎の息子ということへの不信や疑念があったからであろう。そういう事情から、辻井は共産党から離れ、父の事業を手伝い継ぐようになる。

辻井はそのような立場から、自らの出自や悩みからの精神の救いとしてきた、詩文学と実業界を歩いて行く。ときには、人としての二律背反に陥ちたりしながら、その二つの径である二足を履いて、大きな力を発揮し大成する。文章世界と経済利益世界に稀有な立場を生んで。

そのような二足を歩んだ自らを投影し、重ね合わせた人物として視つめたのが、水野成夫であった。水野成夫は、戦前東京大学に学んでいたころからマルクス主義に走り、治安維持法で逮捕され、獄中で「転向」し、その後実業の人となり、戦後経済のパルプ会社や、産経新聞、フジテレビなどを率いる総師となり、日本経済の財界の一人に数えられる実力者となった。またもう一面の水野の才能として知られているのが、評論や文学などへの仕事であった。翻訳などの著書もあり、経済界と文章界にも大きな足跡を残した。

それから又、戦前には共産党の幹部として、詩人で評論家として知られる浅野晃などと一緒に、党員に命令を出していたと言われる。

だから水野と浅野晃は表と裏というか、光と影のような関係であり、就中《なかんずく》、評論や文学（共訳）に於いてはピッタリ浅野晃とともにあった。戦争中、東京大空襲で浅野晃が家を焼かれた苦境の戦後の一時、水野成夫の経営する北海道勇払に住んだこともあり、同志の考えの持ち主であった。

辻井喬（堤清二）は、そういう水野成夫という経済界の大物に、実業と文章世界を兼ねた二つの業績を感得し、共感していたという。

水野成夫は、そういう意味の立場から、戦後の経済と文学の一体不二の存在であった。さらにはその影の一人であった浅野晃は、勇払から東京に出て一九五五年立正大学文学部の教授となり、六十三年に詩集『寒色』を出版、第十五回読売文学賞受賞。この「読売文学賞」には、佐藤春夫や三島由紀夫の強い推輓《すいばん》があったとされる。

浅野晃は戦後、愛国詩人や民族文学者として、左傾の人びとから「転向者」として、厳しく批判されたりした。けれど浅野はそれらの攻撃に耐え、自らの信念とした浪漫主義者として享年八十九の生涯を閉じた。

水野成夫とともに行動した詩人、浅野晃について辻井喬は語っている。それは浅野晃が身辺に汚れた部分をもたず、それが相対的に周囲からの攻撃や批判を増幅させるにつながったと。ある意味で言えば、純粋性の精神であったがゆえの立場から批判しやすかったのであろう。

日本浪漫主義者の同人として、その純粋性を内発し生きた風雪の時代のひとりの詩人、浅野晃の生き様。

詩人・小説家として多くの著作をなし、文学界での業績を残した辻井喬の一生を、わたしは中村不二夫著『辻井喬論』で知る事ができたのは、重ねてありがたいことだと述べておきたい。

この中村不二夫さんの大著は、今後の堤清二＝辻井喬という人物を研究する際の、貴重で先駆的一冊の資料となり、そのベースを表出した著書として読まれると思う。

経済界の天才、文学者の天性の才能を矜持した、辻井喬に相逢《そうふ》できたことはこころから嬉しく思っております。

かくして、この中村不二夫さんの『辻井喬論』を手にした人には、ふかい共感と喜びを与えるであろう。

そしてこの本書に人としての生き方、あるいはその人の背負うべき運命の何かを思念し、捉えることもあるであろう。

詩篇や小説を引用し提示した、作者の声や言葉を聴かせる力作であり大著、『辻井喬論』の中村不二夫さん。その鋭敏な知性にも、再度ふかく敬意を表したいと思っている。

最後に本書で引用されている辻井喬詩集『不確かな朝』所収一篇の「線の中の点」を、部分的であるが記しておこう。こころに響き、感応する詩言語として。

忍耐とは
おのれに絶望しないこと
素朴なものを信じて
一番暗い闇からさへ
美しく生きた人の話をききに
人は鳩を放つと言うことを
俺は確証したいのだ

素朴なものを信じ、美しく生きた人の話を聞くことは、詩人辻井本人の心情であり、生き方の願いでもあったろう。

いずれにせよ、そこにわたしは自らの人間美学というか、辻井喬の思念をふかめた一生の跫音聞く、耳を素直に傾けたい。

〈平成二十八年十二月三十日　脱稿〉

堀場清子の詩「悲愁無限」を読んで

――とくにこの詩に言論人石橋湛山の悲しみを想念して

詩誌「いのちの籠」17号が届き、興味をもち読んだ。それぞれの詩作品は、またそれぞれの詩人の個性ある心音をはなち、詩想を流露している。

そのなかで、私がもっとも関心と問うことを抱いたのが、堀場清子の「悲愁無限」であった。その理由はまず「悲愁無限」という、題名《タイトル》であった。つまり私の心情に与えてくれるインパクトだ。さらにそこにつつまれた、歴史のもつ悲劇と、地獄の内在的人間の悲しみを凝視していることだ。人類の背負っている業《カルマ》ともいえる戦争の愚かさを、消しえぬ「歴史の心音」として捉え共感させている。もう一つはこの詩篇はリアルな心情や、史料（資料）文献を用いて、コンパクトにまとめ読ませていることだ。

むろんそれは、読み手としての私の思念というか、関心の捉え方にもあるであろう。

そこで、その私の関心と興味は、《戦争》は自然の災害の地獄よりも、死者・生者としての悲しみ、文化、社会、あるいは文明としての立場から把握しても、ふかく影響があり、悲劇であり、大地獄の絵図であると思っているからだ。人の死や、山河草木の自然被害であろうとも、どちらも悲愁なものであるが、しかし戦争という人為的エゴの作用の死の方が、人類、民族という上から考えても、不条理で理不尽な死へとつながり、悲しみもよりふかい。

私は堀場清子の「悲愁無限」の兵士の玉砕や、守備隊の全員壮烈な戦死、それに特攻隊の桜のごとく散ってゆく運命の姿に、その虫けら同然のありように、一人の人間として悲愁の共感を覚えてならない。

戦争とは何か。その第一線に立つ兵士たちの心情。その虚しさと責務感。その戦争の愚かさの大地獄を留眼してみる。

なかでも私の胸臆に思い浮かぶのは、堀場の詩篇の中間の詩行にある、昭和十九年早々の出来事だ。その部分を引こう。


（略）

二月末　マーシャル群島の
クェゼリン　ルオット両島守備隊は
「四千五百名全員戦死」
本土空襲の決定打となった七月のサイパン島の全滅も
「全員壮烈な戦死／在留邦人も概ね運命を共に」と

（「悲愁無限」より）

の詩語に目をすいよせられたからだ。

なぜというに、それは「クェゼリン」という島に関心を注いでいたからだ。私の思念や信念というものに、少なからず影響を与えてくれた言論人・石橋湛山に関係がある。

湛山は自由主義者、民主主義者として、基本的人権や言論の自由論者として、戦前、戦中、戦後を一貫して言説し、行動した人物であった。戦中の軍部の横行や戦争の主張を最後まで批判した、自由主義者として戦ったことはよく知られている。

今日の現代史、歴史の研究からも湛山は二十世紀の偉大な言論人、思想者として評価されている。その日本の民主主義、自由主義の最後の砦とし、早期終戦や平和を願っていた。その石橋湛山の二男である和彦が二十六歳の若さで、クェゼリン島で壮烈な戦死をした。この愛する息子の戦死を外交評論家として、自由主義者として湛山らと行動し、盟友であった清沢洌から聞かされた。それを湛山に伝える清沢洌もつらい気持であったといわれる。またそれを聞かされた湛山もつらかったであろう。しかし湛山はいつもとかわらぬ態度で、ぐっとこらえて友人の言葉を受けていたといわれる。心の中では湛山は無言の泪を流していたと思われる。

この清沢洌の言葉は、彼の有名な『暗黒日記』（全三冊、評論社）に残っている。

そのような石橋湛山の心情を、伝記作家、評伝作家の第一人者として有名な小島直記は、『異端の言説・石橋湛山』上下二冊（新潮社　昭和五十三年）の下巻で書き、和彦の戦死を「どうして妻を狂乱に陥れないかが問題だ」と盟友の清沢洌に言ったという。清沢は「愛児の悲報を淡々として語る石橋氏の態度は、けだし驚異のいたりだ」と二月十三日の日記に書いている（『暗黒日記』）。

愛児和彦が早稲田の商学部および文学部を卒業し、さらに海軍経理学校を十八年一月二十日に卒業したとき、すでに南方出征の命令が出ていた。和彦がクェゼリン島で戦死したと信じられている日が十九年二月六日であると、小島直記は『異端の言説・石橋湛山』で語っている。

尚、友人で盟友の外交評論家清沢洌と会った二月十三日に、湛山は一つの和歌をつくったという。

その和歌とは、

此の戦如何に終るも汝が死をば
　父が代りて
　　国の為め生かさん

というものであった。この和歌は戦中の日記に記していたが、二十年三月十日の東京大空襲の際、自宅の全焼によって燃えてしまう。また多くの書物も焼けてしまったという。

このことは十年前に、みすず書房から出版された『石橋湛山日記』（上下二巻）の上巻・昭和二十一（一九四六）年一月一日（火）に書かれている。尚、この『石橋湛山日記』は立正大学客員教授で、石橋湛山記念財団理事長であった石橋湛一と、東京大学教授等を歴任した伊藤隆両名の編によるものである。石橋湛山研究には、『石橋湛山全集』全十五巻とともに基本文献となっている資料でもある。

また、湛山の言葉として忘れてならないのは、『石橋湛山全集』十三巻に所収されている次のような言説だ。

「私はかねて自由主義であるために軍部及びその一味から迫害を受け、東洋経済新報もつねに風前の灯のごとき危険にさらされている。しかしその私が今や一人の愛児を軍隊に捧げて殺した。私は自由主義者ではあるが、国家に対する反逆者ではないからである」

さらにつづけていう。

「私も、私の死んだ子供も、戦争には反対であった。しかしそうだからとて、もし私にして子供を軍隊にさし出すことを拒《こば》んだら、恐らく子供も私も刑罰に処せられ、殺されたであろう。諸君はそこまで私が頑張らなければ、私を戦争支持者と見なされるであろうか」

と、強く語っているのだ。この湛山の言葉は戦後吉田内閣の大蔵大臣に就任し、戦災日本復興のため、あのＧＨＱと掛け合い、恐れず大蔵大臣としての信念の主張をしたため、逆にＧＨＱに睨まれ、理不尽なパージ（追放）となった。そのとき中央公職適否審査委員会にあてた「私の公職追放に対する見解」の書簡の一節であるといわれる。昭和二十二年五月十二日付の書簡だ。

この書簡（手紙）は、『石橋湛山全集』十三巻にあることはすでに前記。中央公職適否審査委員会は、戦前、戦中、戦後の湛山の言論人の姿や歩みをみても、パージに適合する人物ではないと結論したが、GHQのマッカーサー元帥はGHQに楯突く人物として追放した。これは民主主義の先進国として、戦後世界をリードしたアメリカの民主主義から見ても、失態のパージであったといわれている。GHQ政策と戦った大臣、もしくは人物としても今日知られている。戦後最も恐れられたマッカーサーに意見を申し上げた、石橋湛山の姿が浮かんでくる。

石橋湛山の信念を背負った言論人の歩みは、現代史の第一人者である作家半藤一利『戦う石橋湛山』（東洋経済新報社）や、京都大学教授であった松尾尊兊編『石橋湛山評論集』（岩波文庫）、『大正デモクラシーの群像』（岩波書店）。増田弘の『石橋湛山―「小日本主義者」の国際認識―』（東洋経済新報社）他、数冊の湛山に関する著書。姜克實岡山大学教授『石橋湛山の思想史的研究』（早稲田大学出版部）等の数冊。

さらに、井出孫六『石橋湛山と小国主義』（岩波ブックレット）、佐高信の『湛山除名―小日本主義の運命』（岩波現代文庫）。田中秀征『日本リベラルと石橋湛山』（講談社）、川越良明『横手時代の石橋湛山』（無明舎出版）。浅川保の『若き日の石橋湛山』（近代文藝社）、『偉大なる言論人 石橋湛山』（山梨日日新聞社）。江宮隆之『政治的良心に従います』（河出書房新社）。また石橋湛山研究の先駆者であった東京外語大学の教授長幸男の『石橋湛山の経済思想』（東洋経済新報社）。筒井清忠の『石橋湛山―自由主義政治家の軌跡』（中央公論社）。石田博英『石橋政権・71日』（行政問題研究所）など数多くの石橋湛山に関係する著書が出版されている。私も拙書『石橋湛山―信念を背負った言説―』（高文堂出版社）を刊行している。

それから、この「悲愁無限」の詩を書いた堀場清子のご主人で歴史学者であった早稲田大学教授の鹿野政直も、『近代日本思想案内』（岩波文庫）や『日本の歴史』（小学館）の中で石橋湛山を取り上げ論じている。

詩人堀場清子は数多くの詩集の他に、日本女性史の研究者としても知られ、その代表的著書として、『高群逸枝』がある。他の著書も数冊ある。

そういう女性史研究者でもあり、詩人でもある堀場清子の力作詩篇「悲愁無限」を「いのちの籠」17号で味読させられ、感受共感をした。そこに若き日、文芸評論を執筆し、また言論の自由と人間の権利をさけび、平和への言説を生涯主張した言論人、石橋湛山の悲しみを少々語ってみた。戦争を批判し、戦争の地獄のような世界を拒否する詩人堀場の詩想思念に、石橋湛山の自由主義者、平和主義者の影を重ねてみたのだ。共感する詩篇の大切な歴史の大きな影として。

堀場清子という詩人は深い知見の感性から、歴史の忘れてはならない戦争という、今次大戦の地獄図を歴史の心耳《しんじ》として捉え、表出してくれたのが「悲愁無限」の詩であった。

私はこの詩を内在的に通底し、私の半ライフワークの研究ともいえる、二十世紀日本の言論人として確固たる歩みをした湛山の一コマを眼の映像として、詩人堀場清子の詩に幻燈してみた。「戦争の愚かさ」をかみしめている多くの中の一人としてだ。

阿諛の気風と世相の権力

――言論人政治家石橋湛山の自由批評精神を踏まえて

〈一〉

まず冒頭に、ある言論人のふかい思考の言葉を揚げておこう。

「自由批評の精神亡び、阿諛《あゆ》の気風瀰漫《びまん》すれば、その国は倒れ、その社会は腐敗する。」

(『石橋湛山全集』〔全十六巻〕の第一巻)

何と鋭くわれらの考えや心情の思念にひびく言葉であろう。

私はこの冒頭の引用の言論は、石橋湛山という人物の名言といいたい。では何故に私が湛山のこの言説(論)を高く評価して冒頭に置いたのかというと、いつの世や時代にも、いかなる人間に於いても共通しているのは、人としての人性《にんしょう》たる性質にある「阿諛」の気風であると思う。

そこで、その現実的現象として身近な闇のような問題を、我が国の世相たる社会にみてみよう。

つい最近に発覚されて、二〇一七年の流行語大賞にノミネートされるかもしれない、政治という権力世界に語られた「忖度《そんたく》」という熟語。それが強い興味の言葉となり、拡まり世間を騒がせている。つまり、「阿諛」という阿《おもね》る心情を抱き、そこから推し量るという意味の忖度にも通じることがあるからだ。否、通じていく旨味の心よ——。

その「忖度」という、いわゆるおかしい言葉が「森友問題」「加計問題」、さらには「日報問題」にからまって国会で大きな問題となって、日本という政府《くに》の行政を揺るがす影響を与えているのだ。また安倍内閣の不可思議な側近たちの不明確な記憶の黙語。

そのような結果として生じる、虚偽としての衣をまとい、世相を巻き込みながらの政府の立場の位置もある。あるいはもっと大事で、政治の清い看板《スローガン》とも言える「正義」を無視することに繋がる精神の恐ろしさ。かくして政治家という正義を貫く信念心情が、不正義になり「不正」がまかり通る世相や時代に成って行く。すなわち口先だけのご都合主義、日和見主義が蔓延《はびこ》る、オポチュニストの社会国家であってはならないからだ。腐敗して行く幻想主義の、国であってはならないからだ。

なぜなら、そのような社会には他者をも閉ざし、自らを閉ざして進む自由を失った世相社会の出現が歴史の現実としてあったからだ。そうした戦慄がまた回帰してくる、暗黒よ。

われら大衆は、それらを幻想の遊びでないことを知らねばならないであろう。通底している精神の悪意の、ささやきの恐ろしさをである。

だからこそ、それゆえにこそ、「阿諛」や「忖度」の気風の瀰漫を知らねばならない。瀰漫とはある気分や風潮などが、広くいきわたってはびこることをいう。

かような阿諛の風潮が伝播すれば、自らの生活の前に狂気の時代の到来がしのび寄ることになろう。どこかおかしい右傾への道、いつか来た悲劇の道程となって——。

またもう一つ語っておけば、そこには民主主義も資本主義も、独裁主義世界、もしくは共産主義世界であろうが、その主義の制度や思想を超えて、人としての心情には阿諛するこころや、忖度するこころは潜んでいるといっていい。いや、潜んでいると断言してもいいだろう。

だから、そうしたことを踏まえて、「阿諛や忖度」の言葉をかみしめてみることだ。そうした思念を大切に捉えることが必要になろう。

そこで、ここでもう少し分かりやすく、阿諛や忖度について説明すれば、「阿諛」とは阿りへつらう、おべっか、こびる、ごますり、太鼓持ちなどの意味性というか、イメージがわく。そこには又、推し量るという他人の気持で行為する「忖度」につながろう。ハイハイする「イエスマン」にも通ずるか。つまり、その人としての心にある行為というか、思考の欠如したオポチュニストの性格に、つつまれていることだと考えるからだ。

オポチュニストとは、日和見でご都合的な性格をぶらさげていることであり、日和見主義者のこと。むろんここには、「阿諛」や「忖度」の気風に重なる精神が流れているものだ。

こうした日和見主義的で、ご都合主義者たるオポチュニストの調子は良いが、思考、思念の軽い人や無い人は、その政治性の立場や権力人、もしくは財力のある金持人間にはどこかペコペコとなり、追従するものだ。自分の立場や位置の上の人に気に入られようと、つながることだ。指導者《リーダー》たる権力人や財力人の衣に入り、そこでミニ権力人になったように、そのおこぼれに酔い、預かるのだ。
もしも、その権力者が能面人間のような口だけ達者な虚偽性のある人で、そのイエスマンなる追従者であるならば、そこに国を倒すことにもつながろう。それだけ政治権力はリアルな一面を背負っているものだといいたい。

能面人間の胸臆には、能面ゆえの本質の恐ろしさを隠しているかも知れない。人の本当の能面の衣の本音は、分かりにくく潜んでいることもある。だからこそ権力に酔い、権力の害になる無知な、人間としての信念や信頼のうすい為政者には、とくに注意し注視しなければならないと思うのだ。

就中《なかんずく》、つよく語っておきたいのは権力という魔物の住む立場や場所、金持ちという財力で頬を打つ人種の側には、必然的にそうした阿諛人間や、力関係をおもん量る忖度人間も存在するし、生まれるものである。

権力者の意向や希望、それに願望や欲望などを絡めて察知し、先走りするオポチュニズムを愛するご都合主義者や、イエスマンたちがよと——。

そのような自らの利益のためにも、権力者の意向の利益のためにも、「まず利益」ありきでおべっかするが如き、かつおもんばかる動きをする人間の悲しき性《さが》。そこまで深く考えないで利益につながり、群がる分別の失った日和見人《イエスマン》として行為をなすことは、言い換えれば社会や世相の良識というか、身近な常識さえ破壊させ、その秩序を乱すことになろう。

かような具体例が現在的問題としてあり、解決せず進行している。だから、前記した「森友問題」

「加計問題」、ないし防衛省の「日報問題」などで、国の腐敗まで叫ばれる大問題となっているのだと思う。

なぜならそれは国という行政にも関係することであり、「不正」という歪みにもなるからだ。そうした「歪《ゆがみ》」こそ国を倒し、社会を滅ぼす元凶ともなりかねないからだ。戦争などに至る最悪なども、そうした権力者の正義への思い込む思念よりも、歪む方向へ助長する日和見主義者の側近の知見にも責任の一端はあろう。諫《いさ》めて苦言する側近がいないからかもしれない。だから権力者に諫言（忠言）する部下が、そこに大切な所以になることを知らねばならないだろう。

ある能面権力者の、一強という立場の吹く風に乗って、しなくてもよい忖度をしてほほえむ側近の罪。そこに静かに、涌出《ゆじゅつ》してくるのがくさりかけつつある不正義だ。

こびつつ、おもんばかる政治性には、いつの間にか忍びより腐りかける、制度破壊になってゆく事態もありうることだから。そうした国を倒し、社会を亡ぼす恐ろしさも権力にはあろう。国や社会を操る、権力集団としてのオポチュニストの無責任イエスマンの蠢きよ。そこにつつまれる、動く影の心配の闇もあるからだ。

〈三〉

さて、そのような操る権力の人間や操られる大衆の空間の溝には、ある意味での民主主義の精神を超えた、独善主義を肯定してはならぬ、破滅した偽善権力がまかり通ることにもなりかねない。されどもばこそ、権力人たちの黙した言動や行為を含んだ、阿諛の気風や忖度の誤った伝達を放っておき、見逃していくならば、民主主義の議会主義、立憲主義国家にとっての、歪《いびつ》な権力に変形しないとも限らない一面もあるからだ。そうした負《マイナス》のことも考えなければならないであろう。

別言すれば、独裁主義とか全体主義《ファシズム》の流れの道へ。また社会文化への抑圧。どちらの道も右傾化した「物言えぬ社会」となり、自由主義の精神や、発想の発言、最も恐怖なのは人としての基本的権利まで無視されたり、奪われる「操られる人形」、もしくは人間に陥る悪夢の時代にもなりうるからだ。人びとの叫ぶ自由の声や、人権の尊さの知見、その重要さを忘れれば、また回れ右の世相の退化に到るであろうと思念するからだ。戦前戦中に国民を黙らさせ、怖れさせたあの治安維持法や官憲の威張りくさった姿となって。否、それ以上の軍部の横行な態度。幅をきかすのは彼等や財力の持つ階級の世界。さらに、とうてい肯定してはならぬ、頑迷な世相国家に回帰してはならないことを認識して欲しい。そういう回帰の心情や行動に、簡単に付和雷同してはならないことを歴史に学ばねばならない。たとえばドイツのナチズムであり、イタリアのファシズム、日本の軍国主義。さらには戦後のソ連のスターリンの恐怖政治（スターリニズム）。同等の中国の文化大革命たる毛沢東主義の独裁。現在の北朝鮮を支配する独善者はいずれも粛清者。それも血をもっての粛清の独裁人だ。

日中戦争に入り、満州国の政策の一翼を担ったと言われるA級戦犯の岸信介は、戦争開戦者の当事者たる東條英機より、罪は重いともささやかれている。岸信介はそういうことからも、「昭和の妖怪」ともいわれている。そうした右傾しつつの系流に「美しい日本」などという美しい言葉を宣べ、デマゴギーする偽善人もいるのだ。それも権力の座に在る立場での言葉。能面につつんだ回帰願望を担ってだ。私たちは、その願望の秘むふかさを見抜かねばならないであろう。

七十二年前の第二次世界大戦における、我が国の狂気を。その「国家の狂気」をだ。国家にとっての「権力のあり方」や、そこに発生することを、見ぬふりをすれば悪臭を放つ、独裁偽善に巻線する権力という魔物の存在をだ。

魔性の内在する権力も、国民の幸せと安泰への転化となる権力であってと願う。そうあって欲しいと思念する権力でも、民主主義という憲法や制度にあっても、人のもつ隙間の心理を突いて滲み出て、どこからか吹いてくる小悪魔の笛の音の作用もある。世の中はそうした三界火宅であり、だからこそ常なる世界には、自由な批評の精神があらねばならぬと思うのだ。まさしく、自由とはそこに必要な言葉であり、人の矜持せねばならぬ大事な精神となるであろうと言っておきたい。

そう、そこには権力者たる人物であればこそ、社会、国家、国民に於いての最高の代表であってと願い、希望するのだ。その位置《くらい》には、国家や社会に尽くす責務と、もう一つはそれ以上に国民の平和のためにの「正義」からの発露という、政治家としての信念から歩む哲学を背負った人間であってと希《のぞ》む。信念を首からぶらさげた政治家の輩出をである。

ましてや民主主義の制度にあっては、宰相の地位に座しても、知見としての見識が勝れていた方が望ましいし、それ以外の側近としての政治家や、官僚にも信念のなす、いざ大事のことについては、見識のある直言を放つ人間も、いなければならないであろうと考える。むろんそうした人間は、どこかにいると信じたい。

昨今大きな社会の問題となり、国民の話題の関心はそうした社会の問題の転化であるといえよう。しつこく二度も記している「加計問題」「日報問題」、またもう一つ国有財産の値引き云々の「森友問題」などがそれであるからだ。


石橋湛山は、言論人としての主張から、そうした重要なことを「問題の社会化」と捉え、批評論評し論陣を張ったものだ。そしてその論調や主張も、鋭敏で論理的であった。切れのある記事であった。当時の経済誌「東洋経済新報」は、単なる経済誌などではなく、政治を含み社会、文化、思想、労働、教育、普選運動などを幅ひろく論じ、ふかく理解ある言葉で伝えた。

「東洋経済新報」を読んだ人たちは、経済や社会文化に目を向けていた知識人たちが多かったとも言われている。その東洋経済新報の社説の論は多く、石橋湛山の執筆に盛られたものだとも語られている。

だからこそ今でも、石橋湛山と言えば「東洋経済新報」であり、「東洋経済新報」と申せば石橋湛山の名前が浮かぶ存在の言説人であるのだ。あの恐れられた「治安維持法」を最後まで批判したグループは「東洋経済新報」や、『暗黒日記』の作者で知られる外交評論家清沢洌らであったというのだ。むろんその他にもいる。「信濃毎日新聞」の主筆であった桐生悠々などもそうだ。

そうした反骨のあるジャーナリストも、戦前戦中いたのだ。そのこともここで記しておこうと思う。

おっとゴメン。少々書くことが脱線したかも知れない――。話を戻そう。

現今の、安倍内閣の問題の根はふかい。自身にひびいている「森友、加計、日報」の疑念ある音色にである。国会でこれらについて真摯に応えると語りながらも、その真摯な説明も今だにない。「仕事人内閣」といくら改造しても、真実な応えが得られないだろうと、いっていいかも知れない。

かような人物が口先だけで、権力の座にあることは信に立つ政治家として如何なものか。国民から信用され、信頼されてこその宰相の座であろう。むろんその肯定には、それ以上の人間としての信頼（誠実さ）もあるのだ。されば、政治家としての「信なくば立たず」の信とは何か。

それゆえ政治を担う一人の人間にとって、「信」に通ずる信用や信頼とは何であろうか。

「信」に重なる信用や信頼を無くすることは、政治家として最も悲しいことだとも思う。

そこには、厳しくもある言葉で申し上げておきたい。「政治家失格」ということばを。

なぜにというならば、政治を志す権力人間にとっての精神は「信なくば立たず」の意思にあると思うからだ。さらには政治家の背骨《バックボーン》を成す「正義」への信もあろうと認識するからだ。

もう一度繰り返すが、「信」とは信用と信頼に重なり、貫く大切さもあろうから。人間性のもつ心情としても、だ。

安倍首相の国会での「信なくば立たず」や「李下に冠を正さず」と叫んでも、どこか虚しく寂しい感がする。「李下の冠」も口先だけの態度といえようか。

政治や国を動かす政治家の志は、国民や国に対しての責務であり、その根底にある精神は、「正義」という「信」にも貫かれた堅固な志念であるだろう。換言すれば信念といってもいい。

オポチュニストや阿諛、忖度の気風が特に政治に携わる人間に瀰漫するならば、それに染まりながら行動する政治家には、堅固な志念（信念）などのかけらもないであろうといいたい。

そのようなことを、私はこの拙いエッセイを書きながら感じている。またここには、政治に関係する人だけではなく、もし大衆に阿諛や忖度の心情が広がれば、それこそここにも国が倒れ、社会が活力がなく、腐敗し退廃して往くことにもなろう。その大衆への広がりが何よりも強い恐怖となり、国を倒す力ともなりえるのだ。大衆迎合という、大衆主義《ポピュリズム》の力ほど強いものはない、と感じているからだ。

それが政治家の甘い口車に乗せられて、ワアーと迎合して進むならば、何も恐れず、おののかず、思考停止の前へ進めの行動や言動となるからでもある。そこには「付和雷同」するエネルギーが存在するからだ。善につけ悪につけ、そのパワーは大きく社会の火種となるからだ。

政治に係わり使用される阿諛や忖度も怖いが、大衆のこれらへの靡く動きは最も恐いであろう。なぜというに、大衆のワアーと雷同する眼や身には、思考なくして社会的眼を消してしまう戦慄も伴うからだ。

でも、そうだからと言って私は、この大衆迎合のことを全く否定し、非難するものではない。大衆運動《ポピュリズム》は民主主義やその思想、人権確立の大切で大事な一面も包含しているものであるからだ。その民主主義精神を逸脱した、盲目的ポピュリズムこそ、全体主義に結びつき権力の手先となることもあるからだ。そうした無思考的思念の停止した行動が、人間を狂わす元凶にもなるからだ。それはポピュリズム＝大衆主義は、両方の面をぶらさげているからだといえよう。複雑なというよりも両刃のごとき、善悪のエネルギーを引きずっていると言えるかもしれない。私はそう思っているのだが、どうだろう。

社会や大衆自身の眼をも、消したり灯けたりの大衆迎合のポピュリズム。それへの付和雷同の心耳と眼のあり方は、大きくふかいわれら大衆の認識ともなるであろうと思う。

石橋湛山という言論人は、かような大衆迎合の一面を「付和雷同」として論じている。

たしか『ガリバー旅行記』の馬の世界で、馬の一頭が「ヒヒーン」と声を挙げると、他の馬も皆そろってヒヒーンと嘶《な》くという。そのような「付和雷同」に対しては、盲目のごとく従う行動には危険があると強く批判している。戦前戦中のあまりにも自由に物言えぬ、「付和雷同」への体質に沿う時代もあった。皆、右ならえするポピュリズムとしての、ヒヒーンの付和雷同の危険な有無を知らずか、忘却したかだ。

また石橋湛山の批判した言葉である、「阿諛」は、いかなる時代や世相にも活きている言葉である。湛山の言説に出てくる〈瀰漫〉の意味は、ある気分や風潮などが広くいきわたってはびこることをいう。

すなわち現今の「忖度」なる言葉も、どこか「阿諛」の心理に結びつき、作用されている気風でもあるといえるからである。そういう心情を湛山は嫌い強く批評し、批判したのであった。

最初に掲げた引用の「自由批評の精神滅び、阿諛《あゆ》の気風瀰漫《びまん》すれば、その国は倒れ、その社会は腐敗する」の言葉は、正しく時代を超えて社会という世相やわれわれの眼を開かせてくれる。私の印象に残り、消えぬ言説の一つでもある。そこにはまた、私たちを開目させてくれる暗示もある。

暗示の中にはまだまだ見つけられず、納得のできぬ濃霧がおおっているとも言っていい。そうした比喩にこそ、世相や国のどこか狂いかけた影が、かくされていることもあると確信できよう。

権力の強まるところに集まり、ときには踊らされ、都合の悪い事は記憶が無いと嘘ぶき、平然とイエスマンとなり従う。何かの利益に捕らわれているような政治的人間は、その人間的良心まで捨離すつつの志念無き政治的人間だと、私はいいたい。

そこに、信頼のできぬ人として、批判の目を向けろと申し上げたい。

権力という利益に繋がる何かがあるから、阿諛や忖度の気風が、瀰漫するのであろうと思っている。

〈三〉

石橋湛山の言論言説には、こうした政治的権力人間の権力にある操り師関係から生じる「操り政治家」や「操られる政治家」、ないしそうした社会文化にも、政治的パワーの影響を与えた害悪を強く批判している。

その、操る絶大権力者の主人公として批評批判されたのが、日本の軍事に力を注ぎ太平洋戦争以前の「日清・日露」の絶対的発言者となった山県有朋であった。山県は日本陸軍の生みの親でもあり組織を大成した功労者でもあった。むろん陸軍ばかりでなく、海軍をも入れた「日本の軍隊」の実力者だった。また政治家としても権力の座にあった人で、明治・大正という時代を動かした人間。

とくに知られているのが「元老」という立場で、日本の政界や軍事部門を牛耳った。

それは権力の座を退いてからも「元老」の立場というか、権威権力の地位から政治や軍事に口を出し、何かにと強要したと言われる。つまり、アドバイスとか具現を宣べるだけならばまだいいが、それが陸軍をバックにし、あるいは元老の立場の力から口を挟む、うるさく畏怖される存在であった。

この元老という立場というか、その元老の中でも山県公の発言力は強く、国を動かした。「元老政治」といわれる政府でない立場からだ。民主主義や自由思想を土台に言論を展開した湛山にとっては、日本の明日のためにも、山県らの元老政治は目の上の批判の的でもあった。

石橋湛山はこの山県有朋の態度は、日本的政治や社会文化の世相から老害になると言い放った。そして山県公が亡くなったとき「死もまた社会の奉仕」であると、痛烈な言説を吐いた。

山県有朋公の口出し政治が、当時の政界に操り師の権力者として害を与えていたのであった。元老政治という正統でない力は、老害となり少なからず影響を社会にもたらしたといえよう。

権力の極にある「操る側の政治家」と「操られる政治家」の、忖度や阿諛の気風は、権力の側にあれば大いに感受し享受することも出来るであろう。自己の位地を保つためにも、側近たちはイエスマンの態度を見せるのであろうか。自らの信念の矜持のためにも物言わねばならぬ時は、物申す政治家であり、人間であって欲しい。誠の信頼はそこから生まれねばならないであろう。「忖度」や「阿諛」の気風ではないであろう。国を動かす政治家や官僚、あるいはオピニオンリーダーになる人々は、自らを律する気持をもって責務をする仕事をして欲しいと思う。まして政治家は公人であり、国民の税金で生活もしているのであるから。自らの政治に携わる、公人としての倫理的自覚も必要だと思う。

志念を大事にし、信頼できる権力人となって欲しい。嘘つきにつながる心情や、都合が悪くなると「記憶」にないの政治家は、自らの立場を認識し反省すべきであろう。反省することは、人間として生きることでも、忘れてはならない心の眼だといっておきたい。

私は私の精神というか、生きる存在のささえの一冊の書物として『ブッダのことば——スッタニパータ』（中村元訳・岩波文庫）を手元に置いてときどき目にしている。いわゆる座右の書のごとく、気軽にだ。

その中に人間《ひと》として、さらには政治に携わる人や、人の上に立つ指導者《リーダー》の心情をなす教えや学びの言葉として、この「ブッダのことば」に接している。真実のことばとして感応するというより、黙す念の信受のごとき気持で味読している。仏典にある「黙念信受」のこころに留めるようにして。あるいは声に出して読むのもいいであろうが、私は心に黙念して手にしている。

『ブッダのことば——スッタニパータ』からは数多くのこころに響く言葉を授けられ、その仏陀の言説《ごんせつ》のふかさと、比喩としてつつまれている暗示に洗われていることもある。

第一章から第五章までの間に、〔一〕から〔一一四九〕までの箴言性があり、仏陀の詩偈といわれる格調ある文章《ことば》が多く、魅力的でもある。

これらの詩偈のことばとして、私の胸臆に信受され共感したのが四つほどある。それをまずここに引用してみよう。

その一つ、「毅然《きぜん》として、堅固《けんご》であれ。」

その二つ、「罵《ののし》られても敬礼されても平等の態度で臨《のぞ》め。」

その三つ、「注意し、（敬礼されても）冷静に、高ぶらずにふるまえ。」

その四つ、「思いを熟知して、流れを渡れ。」

洗い清められるようなブッダのことば。雨のことばのイメージが涌《わ》く。仏陀の詩偈といわれる言葉は「ことばの雨」となって、仏陀説法のことばとして編まれたのが『ブッダのことば』の原始仏典であろう。

旧来から、古人《いにしえびと》や聖人からの言葉には、箴言や詩偈があり、心情に真面目に含むものがあった。

『仏典』もそうであり、『聖書』もそうである。心に突き刺さり呼応されることばとなって。

政治に関わる人や、指導的な人となる権力というか、上に立つ人間はその自らの仕事から、言葉を大切にしなければならない。

そうした立場に於いても、政治には権力という魔性が住み、力関係の対立ではときによって不正義の行為をなし、その政治生命を終えることにもなる。政治家を担う人間は、仏陀の詩偈の暗示を、自らのものとして捉えることも必要かと思う。マックスウェーバーのいう真の意味での政治家《ステーツマン》で行動することだろう。政治屋というレッテルの政治の為政者では、国民や国にとって迷惑だと言わねばならない。


思考の力のない哲学の心も持たぬ、物言えぬイエスマン政治家や官僚や、ジャーナリストたちは、人の上に立って自らの思念や意見を論じたとしても、どこか虚しい言葉になってしまうだろう。

真の政治家は、政治家としての志念堅固を内在し、自らの信念信条によって、「毅然」として立ち向かう勇気も、なければならないと考える。正義と信条の旗を胸に抱き、国民や国の体制に尽くし、その平和としての幸せを誓っての政治家の権力でもあろうといえるから。

自らの信念の具現を當身の大事として、歩みかつ仕事をすることが肝心だといいたい。

そこで、更にというか再びというか、浮かんでくるブッダのことばが「思考が世人を運行せしめるものである。」ということだ。

ここでいう「思考」とは、自ら人としての思念でもあり、その哲学ともなり、信念ともなる考える力であり、行為（言動）にもなるからだ。肯定したい政治家としての行為が、そこに到来するであろう。

すでにそのような考え方や、信念の大切さは重ねるごとく語ってきたが、さらなる私見として、政治家は現実的な眼と、自身の信念と、もう一つは明日への光明を放つ、理念も背負っていることであろう。そう信頼したい政治と権力のあり方を望む。

「思考が世人を運行」させるものでもあるのだ。理念と信念と行動のある人物は、世人を動かすであろうから。世相とはその社会をなし、動かす人びとにもあるからだ。

人を幸せにし、平和な世相にしようと思考し、その行為をするならば、世の人はそのために動き、進むだろう。まさに運行されるには思考の大事さと、受け入れる人の歩みが必要となる。

とまれ、ここで立ち止まって仏陀の詩偈を呼応しつつ認識してみれば、石橋湛山という人間の思念というか、思想にも流露されてくる。とくに湛山の仏教徒として歩んだ、認識思念にも重なってくるものがある。慈悲愛の大乗仏教的精神を大事となして。前述した四つのことばと「思考の運行」のことばに連ねてである。「毅然とした志念」「常に平等の態度で臨め」「冷静に高ぶらず接すること」「想いを熟知して、世相を渡ること」などの、哲学をぶらさげての歩み方にだ。湛山八十八歳の生涯は、これらの心情を言行一致した風雪であった。堅固な信念と慈愛の精神と、ふかい知見と、高ぶらない、偉ぶらない人間性にあってである。

石橋湛山という人間は、そうした見事な一生を言行一致の態度というか、姿勢で命終したと言っていい。そうした人物であった。

言論人として、内閣総理大臣の存在として、教育者としての生き様を見せて――。ただ残念であったのは、石橋内閣の五つの政策が湛山の手で動かされず、病気のため二ヶ月という短命で政権からの辞職であったことだ。世間では石橋内閣がもう少し続いたら社会も、生活ももしかしたら変わったであろうと、語られたといわれている。

本当に惜しく、残念な宰相になった。湛山は政治家を退いてからも、内閣時代に到来できなかった自らの政策の実現のため、一民間人として、その人生を平和のために全うした。信念ある哲学と、実践の人であったことが証明されている。言論人としての人生は『石橋湛山全集』十六巻となり、二十世紀の稀有な人物とも言われている理由《ゆえん》である。

今日では多くの学者やジャーナリスト、その他の研究者によって「石橋湛山研究」がなされており、多数の湛山研究に関する論文や著書が出版されている。

さて、私が重ねて申し上げ強く言っておきたいのは、冒頭に引用した「自由批評の精神亡び、阿諛の気風」云々の言説である。

明治国家が出来てからの、日本の近代化して行く過程やその制度にあって、石橋湛山が吉野作造らの民本主義という大正デモクラシーの波の流れに立って、若き身の湛山の知見からくる急進的な自由主義者、民主主義の言論人として、日本の近現代を歩んだ。彼の歩んだ青年時代はまだ旧道徳や、旧い習慣の箍《たが》がはめられていた。その明治末期や大正に、戦後の民主主義にも通底する思念がすでに言説されていたのだ。

人間の生きる人権の上で、最も重要な「自由批評」の精神を叫んだ湛山。この「自由批評の精神」こそ、時代や制度を超え、そして国を動かす政治にまで必要な、現実の思想だと思う。だから、今日の社会化の問題となっている疑惑の「加計問題」「日報問題」について、自由に表現ができ批評批判もできるのだと思う。

言論の自由とは、こうした人間の社会生活を営む民衆にこそ、手にしなければならない思想でもあろう。言論表現こそ、人間存在の持たねばならぬ、平等の思想であるからだと語りたい。

国を成り立たせ、制度や法律その源になる憲法の法治国家に於いて、政治にあって不正が生じたなら、その真実を追求することは、当然でもあるだろう。その真実を報道し、言論し、批評し批判の論陣を保つのが「自由批評」にかせられた必要で重要な手段であるともいえる。

石橋湛山の言論人としての言論には、そうした民主主義としての「自由批評の精神」が、正義の理念、道理として水脈していることだと思う。

その自由批評は政治的権力より、重く必要で必然な大事だと私は叫びたい。そう認識している。

石橋湛山の「自由批評の精神」はそこに尊いのだ。またそのことをふかく、自覚することだと思う。自由で、堅固な生存のためのことばとして……。


〈二〇一七年八月十三日〉

第四章　湛山へ捧ぐ詩

——生命の粘液——

物言えぬ暗黒の道を再び歩むな

——ある言論人の信念の生涯をかえりみて

〔言論の自由とは、権力者に対してのそれが自由であることでなければならない。〕『石橋湛山全集』（全十六巻）第十四巻第二部—八所収の言説より。

「物言えば唇寒し」の言葉には、どこか文芸性の抒情もあろう。けれども「物言えぬ口を閉ざして沈黙ふかし」の、私の歴史の目のさけびには、明治に入り富国強兵・強権国家という帝国主義へのレールを走り、大正に入り民本主義といわれる「大正デモクラシー」の輿論がさけばれた世相の波があった。しかし昭和に入り大日本主義の幻想を抱き、近隣の国への支配を強くして行く。小国主義の民主主義《デモクラシー》よりも国益のための侵略をふかめる軍部の横行。民主主義の波はつづかず、言論弾圧の治安維持法により自由の灯は消されてしまう。暗黒到来の世へ。

一目散に走る物言えぬ時代の沈黙。その力を増す軍部の権力を批判し、言論の自由と人としての人権を訴え、平和の主張の「小国主義」をさけんだ言論人がいた。「東洋経済新報」のリーダーであった石橋湛山や、外交評論家で『暗黒日記』の著者と知られた清沢洌。清沢は湛山の自由思想者の盟友のひとりであった。また地方の信濃毎日新聞の主筆であった桐生悠々も、言論の弾圧と戦争突入への批判者だった。彼ら三人の言論人はいずれも非戦を貫いた平和主義者だった。なかでも、石橋湛山は生命かけた強固の信念を背骨とした自由主義者《リベラリスト》であった。

そうした圧迫された世相、あるいは逮捕国家の不自由さに自由思想をおそれることなく主張し、言行一致の生き方をした湛山は、稀有の存在といわれている。戦争の足音がするころには、良心派と見られていた朝日新聞も軍部に迎合してしまう。権力を批判する言論機関の新聞も皆廻れ右して、今次大戦へ突入し三百二〇万の死者を生み、終戦を迎えた。国敗れて山河なしの地獄の国土であった。七一年前の日本の敗戦の姿だ。それは多くの苦痛と悲しみを残しただけの悲劇であった。湛山はまた、戦時中にあっても早期終戦を政府の要人に進言していた。

言論人湛山は、軍人の東条首相から睨まれ内務省に逮捕の命令が出されていたともいわれる。

終戦直後に小国主義による日本の復興を予見し「前途洋々たり」と言説。自らの信念で戦争の愚批判と、平和到来への歩みをした。昭和四八年、風雪八八年の一生を了えた。

　われは知る思念自由の滅せぬ言《げん》　(石芯)

《戦争の愚《おろか》》を認識しよう

――［言論機関の任務は（略）大衆に健全なる輿論の存在を知らしむる点に存する。］（『石橋湛山全集』第十巻　所収「東洋経済新報」昭和十一年三月七日号「社説」より。）

人よ知ろうぜ、戦争ほど無益な殺生はないであろう。そこには人として生きる幸せへの権利や、思想・信条、言論の自由も全て無くしてしまう。あるのは《死》という現実の寂寥の大地獄。その苦悩のうめきだけである。悲しいかな「殺すか、殺される」に明け暮れる戦争という無益世界。ふかい人間喪失と、文化文明の破壊あるのみの戦争。もっとも恐ろしいのは人類滅亡への瞬時へ押す核の手だ。悪魔の恐怖の命令のささやきにおののく核のボタン。命をうばわれる数えきれぬ死の山よ、群よ。いずれにあれ多くの難民をうみ、不毛の世界苦のなげきの悲しみよ。

現代の戦争は核にもつながる人類の恐怖。地球という星をも絶滅させるエネルギーの、悪夢。だから盲目的無知な権力者やテロリスト、あるいは狂気の支配を幻夢する人間の出現をゆるしてはならない。そのためにも、平和の理念としての共存共栄の幸福を願う人びとの、上に立つ権力者は人としての個の存在と、生きねばならぬ権利のさけびを認識せよ。むろん大衆はその自らのために自由としての言論、表現としての自由を當身《とうしん》の大事《だいじ》として矜持しよう。語るまでもなく、報道機関《ジャーナリズム》は戦争を批判する平和への、先鋒となる声を揚げねばならないであろう。

そうした平和の抱くやすらぎや国益としての戦争拒否、放棄の姿勢にこそ、平和の旗が立てられるであろう。そこにこそ平和の到来があると知れ。民族主義やイデオロギー、さらには宗教文化を超越した和平の尊重、調和の握手がうまれると信じよう。そうした寂光土《じゃっこうど》の実現を願おう。かような人類共存の言論言説を発信して、対話という外交で戦争を回避せよ。そうした政府や権力者を監視するのも報道機関の責務であろう。むろん言論人《ジャーナリスト》たちもだ。世相の輿論こそ戦争を拒み、主権在民の立憲主義の土台となり、平和となる砦となろう。言論の自由こそ大事なのだ。われらよ、そのことを知ろうぜ。

個の声を天にひびかせ和となさん
戦争や愚かな道は人にあり
〈石芯〉

国民主権と言論表現の自由の大事

――平和への理念と戦争放棄を含め

今次の太平洋戦争は悲しみ苦しみで終わった。戦争という愚かさを残して。そこに、昭和二一年『年頭の詔書』で天皇は現御神《あきつみかみ》（現人神《あらひとがみ》）に非ずと、〔人間宣言〕を。翌年新生『日本国憲法』が施行され、主権が国民にあり、個人の尊重、基本的人権。また生存権や法の下の平等。思想良心の自由。言論表現や学問の自由など平和の理念を含んだ〔戦争放棄〕への九条。そこには、戦後民主主義と呼ばれた「平和主義憲法」の誕生。GHQ《アメリカ》に押しつけられた憲法とも言われながらも。なかでも思想信条や言論表現の自由は、個人につながる源泉の大事である。

歴史という時代の位置《くらい》はそこに変化し
人身も権力というものに抑えられ　圧迫され
心耳《しんじ》もゆがめられて口を閉ざされる
良心的な声や表現は問答無用とふっとび
沈黙こそが生きのびることのごとく　時　代
を　縛　る
治安維持法の恐怖よ
権力という国家の力の持つ暗黒の世相よ
出版も集会も監視され獄中の道へ
厳しい自由圧殺の戦前戦中

だからこそいつの世にも、口を閉ざし、身を縮める時代や、そこに拮抗する重要な大事となるのが、「言論表現の自由」のさけびであり行動であろう。七二年前の戦争の悲劇は、この言論表現が権力に弱体化され、その言論人《ジャーナリスト》たちが自

らの筆《ペン》を迎合したからだ。むろんその中には生
涯をかけて権力と闘った人たちもいたが。権力
は報道を操作し国民の眼や耳や口、さらには思
考までも停止。日本国憲法はその反省に立って
恒久の平和を理想にした。憲法第九条「戦争の
放棄・交戦権の否認」の実現を願い。

だから平和のためにさけべ　そ　し　て　守
　れ
おお「日本国憲法」よ進め　国民主権の旗を揚
げて
おお「日本国憲法」よ歩め　平和の理念の実現
にだ
大きな基本的人権のための言論表現の自由を大
　事として
そして誰もが幸福になれる生存権を訴え大切に
　しよう

それゆえ日本国憲法に必然となす言論を語って
おこう
「自由批評の精神亡び、阿諛《あゆ》の気風瀰漫《びまん》すれ
ば、その国は倒れ、その社会は腐敗する。」
戦前戦中戦後の風雪を生きた言論人石橋湛山*の
言説を

*戦後民主主義に通底する稀有《けう》な言論人で、
『石橋湛山全集』新装版・全十六巻がある。

生命の粘液

かたつむり動かぬようで早く行く　湛山

梅雨どきのあじさいの葉を這う
一匹のかたつむり
自らのゆったり《スロー》生存の粘液をだして
動かぬようで進んでいる運命のありよう
それは大切で美しい　尊　さ　の
かれらの行動でもある
それは自然のうむ実相のすがた
かたつむりの歩む生命《いのち》の謳歌

そうした動作に似た人生を歩んだ人物がいる
自らの運命の吐息の精神を散華して
魂の粘液《ねばつき》を解きはなって
その生涯を自燈明の意思で進んだ石橋湛山の
姿勢《すがた》

言論を身近な剣筆として　用　い　て
政治を社会を経済を　文化を慣習を　哲学を思
想を
民衆の自由のためにと身を賭して
民主主義や平和主義への言行一致の実践

動かぬようでうごくことの神秘さ
急ぐようでいそがぬことの必要のありかた
人生のひとつの認識として自覚していた湛山
自由討究の歩みと徹底的智見を線輪《コイル》した言葉
そこからの人間としてのさけびの　粘　つ　く
声
そこからの人間としての命終《みょうじゅう》する信念ふかき理
想よ
意志の力で内在開目する粘液
動かぬようで早く行く消しえぬ言説

わが石橋湛山の生命の明りの不滅のごとき和《やわらぎ》よ

掲載誌一覧

第一章

・「石橋湛山の人間的感性を見る」（未発表　二〇一五年六月二十一日稿）
・「石橋湛山の涙」（「未踏」59号　未踏文学会　二〇〇五年十月二十八日発行）
・「石橋湛山の絺章絵句に関する小考」（「コールサック」76号　コールサック社　二〇一三年八月十日発行）
・「雨新者　石橋湛山の堅固な信念」（「自由思想」144号　石橋湛山記念財団　二〇一七年三月二十七日発行）
・「湛山先生の墓と羽二重団子」（「未踏」60号　未踏文学会　二〇〇六年十月十日発行）
・「石橋湛山の心情と句眼」（「自由思想」133号　石橋湛山記念財団　二〇一四年五月二十二日発行）

第二章

・「〔山梨平和ミュージアム――石橋湛山記念館〕理事長で平和史学を語る、浅川保先生への手紙」（「佐久文学　火映」22号　二〇一六年十二月二十七日発行）
・「平和憲法といわれる〔第九条〕への感懐」（「いのちの籠」30号　戦争と平和を考える詩人の会　二〇一五年六月二十五日発行）
・「物を書くということ」（「未踏」65号　未踏文学会　二〇一一年十月三十日発行）
・「生きることにとっての嬉しいこと」（「コールサック」79号　コールサック社　二〇一四年五月二十八日発行）

第三章

・「詩の身近さと親しみ」（石村柳三詩論集『時の耳と愛語の詩想』所収再掲載　コールサック社　二〇一一年十二月七日発行）

・「石橋湛山と辻井喬」（「佐久文学　火映」18号　二〇一四年十二月二十二日発行）
・「拝啓　中村不二夫様――中村不二夫著『辻井喬論』を読んで」（「佐久文学　火映」23号　二〇一七年六月三十日発行）
・「堀場清子の詩「悲愁無限」を読んで」（石村柳三詩論集『時の耳と愛語の詩想』所収再掲載　コールサック社　二〇一一年十二月七日発行）
・「阿諛の気風と世相の権力」（書き下ろし　二〇一七年八月十三日稿）

第四章

・「物言えぬ暗黒の道を再び歩むな」（アンソロジー『非戦を貫く三〇〇人詩集』収録　コールサック社　二〇一六年八月十五日発行）
・「《戦争の愚》を認識しよう」（アンソロジー『戦争を拒む』収録　詩人会議　二〇一六年十一月三十日発行）
・「国民主権と言論表現の自由の大事」（アンソロジー『日本国憲法の理念を語り継ぐ詩歌集』収録　コールサック社　二〇一七年五月三日発行）
・「生命の粘液」（アンソロジー『詩と思想詩人集２０１４』　土曜美術社出版販売）

附録〔石橋湛山資料及び参考文献〕

（著者本人が入手し、手許にある参考文献として）

・『石橋湛山全集』全十五巻　編者　石橋湛山編纂委員会　東洋経済新報社　一九七〇〜七二年。
・『石橋湛山日記』（上下）石橋湛一・伊藤隆編　みすず書房　二〇〇一年。
・『湛山日記　昭和20 - 22年』石橋湛山　財団法人石橋湛山記念財団　一九七四年。
・『雨新者』―石橋湛山語抄　石橋湛山（非売品）自家版　一九七二年。
・『湛山回想』石橋湛山　岩波文庫（岩波書店）一九八八年（第四刷）。
・『石橋湛山評論集』松尾尊兊編　岩波文庫（岩波書店）一九八四年。
・『小日本主義　石橋湛山外交論集』増田弘編　草思社　一九九〇年（第二刷）。
・『湛山読本―いまこそ、自由主義、再興せよ。』船橋洋一　東洋経済新報社　二〇一五年。
・『自由主義者　石橋湛山⑴⑵』財団法人石橋湛山記念財団（非売品）一九七五年。
・『石橋湛山―人と思想―』長幸雄編　東洋経済新報社　一九七四年。
・『大正期の急進的自由主義』井上清・渡部徹編　東洋経済新報社　一九七二年。
・『大正デモクラシー』松尾尊兊　日本歴史叢書　岩波書店　一九七四年。
・『大正デモクラシー　草の根と天皇制のはざま』今井清一　社会評論社　一九九〇年。
・『石橋湛山の思想的研究』姜克實　早稲田大学出版部　一九九二年。
・『石橋湛山研究―「小日本主義者」の国際認識―』増田弘　東洋経済新報社　一九九〇年。
・『異端の言説・石橋湛山』上下　小島直記　新潮社　一九七八年。
・『近代日本と石橋湛山「東洋経済新報」の人びと』松尾尊兊　東洋経済新報社　二〇一三年。
・『石橋湛山の戦後「引き継がれゆく小日本主義」』姜克實　東洋経済新報社　二〇〇三年。

・『石橋湛山と小日本主義』　井出孫六　岩波ブックレット（岩波書店）　二〇〇〇年。
・『石橋湛山―自由主義政治家の軌跡』　筒井清忠　中公叢書（中央公論社）　一九八六年。
・『横手時代の石橋湛山』　川越良明　無明舎出版　二〇〇三年。
・『石橋湛山―信念を背負った言説』　石村柳三　高文堂出版社　二〇〇四年。
・『石橋湛山―文芸・社会評論』　上田博　三一書房　一九九一年。
・『若き日の石橋湛山』　浅川保　近代文芸社　一九九三年。
・『偉大な言論人　石橋湛山』　浅川保　山日ライブラリー（山梨日日新聞社）　二〇〇八年。
・『湛山座談』　石橋湛山　同時代ライブラリー（岩波書店）　一九九四年。
・『平和をつくる構想　石橋湛山の小日本主義に学ぶ』　安藤和雄　澤田出版株式会社　二〇〇六年。
・『石橋湛山　リベラリストの真髄』　増田弘　中公新書（中央公論社）　一九九五年。
・『石橋湛山　自由主義者の背骨』　姜克實　丸善ライブラリー（丸善株式会社）　一九九四年。
・『湛山除名　小日本主義の運命』　佐高信　岩波現代文庫（岩波書店）　二〇〇四年。
・『石橋湛山　占領政策への抵抗』　増田弘　草思社　一九八八年。
・『侮らず、干渉せず、平伏さず―石橋湛山の対中国外交論』　増田弘　草思社　一九九三年。
・『思想家としての石橋湛山〔人と時代〕』　山口正　春風社　二〇一五年。
・『石橋湛山論　言論と行動』　上田美和　吉川弘文館　二〇一二（平成二十四）年。
・『石橋湛山』　人物叢書　姜克實　日本歴史学会編集（吉川弘文館）　二〇一四（平成二十六）年。
・「自由思想」33号〔石橋湛山とその時代―石橋湛山生誕100年記念特集号〕　財団法人石橋湛山記念財団　一九八四年。
・『公職追放　三大政治パージの研究』　増田弘　東京大学出版会　一九九六年。
・『石橋湛山の経済思想　日本経済思想史研究の視角』　長幸雄　東洋経済新報社　二〇〇九年。
・『石橋湛山写真譜』　石橋湛山編纂委員会　東洋経済新報社　一九七三年。
・『戦う石橋湛山―昭和史に異彩を放つ屈服なき言論―』　半藤一利　東洋経済新報社　一九九五年。

・『日本リベラルと石橋湛山―いま政治が必要としていること』　田中秀征　講談社　二〇〇四年。
・『私の履歴書』〈6〉〔私の履歴書として石橋湛山（元首相）筆が収録されている〕　日本経済新聞社編（日本経済新聞社）一九六五年。
・『昭和怪物伝』〔石橋湛山の項目あり〕　大宅壮一　角川文庫（角川書店）一九七九年（十一版）。
・『昭和立憲制の再建　1932～1945年』　米山忠寛　千倉書房　二〇一五年。
・『日本人は何を考えてきたのか　大正編』〔第二章―吉野作造と石橋湛山〕項目あり　NHK取材班編著　NHK出版　二〇一二年。
・『近代日本思想案内』　鹿野政直　岩波文庫（岩波書店）二〇〇四年（第十刷）。
・『苦悶するデモクラシー』　美濃部亮吉　角川文庫（角川書店）一九七四年（再版）。
・『昭和法華人列伝　戦火を越えて二十八人』　小野文珖　図書刊行会　一九九三年。
・『過去と向き合い生きる「今日の視角」セレクションⅡ』　井出孫六　信濃毎日新聞社二〇一五年。
・『石橋湛山の生涯と思想』〔山梨平和ミュージアムブックレット②〕　浅川保　山梨平和ミュージアム―石橋湛山記念館　二〇一〇年。
・『立正大学開校―140周年記念国際シンポジウム　いま、日本を考える。』　立正大学開校140周年記念国際シンポジウム実行委員会　二〇一二（平成二十四）年。
・『第十六代学長　石橋湛山と立正大学～立正大学開校～140周年にあたって～』（邦文と英文）　立正大学法学部教授　早川誠　開校―140周年記念国際シンポジウム実行委員会　二〇一二年。
・『立正大学開校―140周年記念特別展　石橋湛山と立正大学』（パンフレット）　立正大学　二〇一二（平成二十四）年。
・『週刊東洋経済』二〇一五年十一月二十一日に「立正大学第100回記念公開講座　主催＝立正大学　協力＝品川区　後援＝東洋経済新報社　石橋湛山記念財団」として〔石橋湛山　21世紀に息づく不屈のスピリット〕　第一部基調講演「今、石橋湛山が生きていたら」ノンフィクション作家・保坂正康　第二部パネルディスカッション「―石橋湛山が生きていたら」のテーマで、元経済企画庁長官田中秀征　東洋経済新報社前社長柴生田晴四　立正大学学長山崎和海　作家保坂正康　コーディネータ石橋湛山記念財団代表理事　立正大学学園監事石橋省三による要旨の掲載。また同誌に「東洋経済創刊120年企画　リベラルとは何か？」

六本の論文あり。その一本に、「変遷を見た憲法観・安全保障観　自由な発想で平和を追求した石橋湛山」　東洋英和女学院大学教授増田弘の論文掲載　東洋経済新報社。

・『週刊東洋経済』二〇一五年十一月二十八日に立正大学リレー対談〔モラリスト×エキスパート第一回　石橋湛山に21世紀を問う民主・平和を貫いた信念の言論人〕をテーマにジャーナリスト田原総一郎と立正大学学長山崎和海の話を掲載　東洋経済新報社。

・『週刊東洋経済』二〇一五年十二月五日に立正大学リレー対談〔モラリスト×エキスパート第二回　石橋湛山に21世紀を問う　最高の尊敬に値する哲学を持った偉大な政治家〕をテーマに元衆議院副議長渡部恒三と立正大学学長山崎和海の話を掲載　東洋経済新報社。

・『週刊東洋経済』二〇一五年十二月十二日に立正大学リレー対談〔モラリスト×エキスパート第三回　石橋湛山に21世紀を問う功利主義、現実主義に徹してイデオロギーを超えたエコノミスト〕をテーマに元富士電機会長加藤丈夫と立正大学学長山崎和海の話を掲載。また同誌に「特集TPPで激変する日本の食　いつの時代ももめ続ける〔農業と自由貿易―リカードVS．マルサス　石橋湛山の農業政策論の予言―〕」記事　東洋経済新報社。

・『靖国問題』　高橋哲哉　ちくま新書（筑摩書房）　二〇〇五年八月（十二刷）。

・『靖国問題と日本人』　小堀桂一郎　PHP新書（PHP研究所）　二〇〇三年（第一版六刷）。

・『石橋湛山　思想は人間活動の根本・動力なり』　増田弘　〔ミネルヴァ日本評伝選〕（ミネルヴァ書房）　二〇一七年。

・『地域に根ざし、平和の風を』　浅川保　平原社　二〇一五年。

・『週刊　池上彰と学ぶ日本の総理第7号　石橋湛山』　池上彰　小学館　二〇一二年。

・『政治の品格―石橋湛山と遠山正瑛に学ぶ』　後藤臣彦　原書房　二〇〇六年。

・『山梨平和ミュージアム―石橋湛山記念館―10周年記念誌〔平和の港〕10年のあゆみ』　山梨平和ミュージアム石橋湛山記念館　二〇一七年。

その他、石橋湛山記念財団の機関誌「自由思想」各号には非常に教えられた。石橋湛山研究の専門誌なので、身近に大切で貴重である。湛山に関する雑誌記事や新聞の切り抜きも手許にあるが、ここでは省略する。

あとがき

石橋湛山研究の第一人者で、わが国の外交史研究者でもある増田弘先生（立正大学石橋湛山研究センター長及び、法学部特任教授、石橋湛山研究学会会長。法学博士。）が、二〇一七年の七月に評伝として刊行された『石橋湛山―思想は人間活動の根本・動力なり』（ミネルヴァ書房）の〈はしがき〉冒頭で、湛山の人物像について「誰もが石橋湛山に寄せる素朴な疑問」として、三つの湛山魅力の源泉の捉え方を提起している。そして、その三つとは、

一体なぜ、あのような困難な時代にこれほど透徹した歴史認識をもち得たのか？
一体なぜ、日本の将来と世界の動向をこれほど的確に予測して行動できたのか？
一体なぜ、あの剛毅・叛骨・楽観・繊細・不屈・リベラルなど稀有な人格が形成されたのか？

これら三つの問いや視点、把握について、私もなるほどと頷かされ共感した。

増田弘教授や他の〈石橋湛山研究者〉のそれこそ末派につらなる私も、ポツリポツリと拙いながらも石橋湛山という人間性、あるいは人格について十数年前から身近な同人誌や、専門誌に発表してきた。それがいつの間にか一書を出せるようになっていた。

例えが適切でないかもしれないが、「塵も積もれば山となる」。さらには「継続は力なり」と言われるように、知らず知らずのうちに微力ながらも二十数本の湛山所感《エッセイ》や小論が生まれていた。そういうことから、コールサック社の代表・鈴木比佐雄氏に声をかけられ、私も又、このまま埋もれさせてしまうのも残念に思っていたので上梓できればと考えていた。むろん、申し上げるまでもなく、私の湛山に関しての物は、専門の石橋湛山研究者から見れば取るに足らない湛山論であるかも知れないと思っている。

けれど、私は私の視点で捉えた石橋湛山という人間が歩んだ生き方に興味と敬愛を抱いていたので、力量のなさを痛感しながらも、恥をしのんで出版することにした。

でも小さな力が一文一句ではあるが、私なりの思念をからませた湛山随想であり、小論でもあろうと考えたりしている。

そうした、私の思念や認識となって奮い立たせているのが、「力あらば一文一句たりとも語らせたまえ」の言葉であった。この「力あらば——」の文言は、湛山も愛し、ふかく影響を受けた日蓮の言葉だ。

私はこの日蓮上人の、人間のぶら下げねばならぬ、もしくは背負わねばならぬそれぞれの、その時の人間の置かれた力で自覚し、認識した言説《ことば》を吐かねばならぬこともあろうと思う。否、考えているのである。

徹底した自由主義者《リベラリスト》で理念ある言説を叫んだ石橋湛山も、自らの「力あらば一文一句」の精神で、剛毅で叛骨で、不屈、楽観、繊細を巻線《コイル》したリベラルな信念を形成したのであろう。

そういう見方の立場から、すでに述べた石橋湛山の人間像を多少は、私の呼応の思考として描くことができたかもしれない。そうした小論やエッセイとして目にし、手に取ってもらえれば本望であり、嬉しい。


とまれ、この拙い私の一書を出すにおよんで、その〈序文〉を相談した「自由思想」編集人の中川眞一郎先生から、「それは、浅川保先生がいいだろう」とその労を取ってくれた。

私は早速に、近現代史の研究者でもある「山梨平和ミュージアム―石橋湛山記念館―」の理事長、浅川先生に連絡を取りお願いしたところ、書くことを諒承してくれたので、ほっとし喜んだ。そこには浅川先生とは面識もあり、何回か会うこともあり、話をしたこともあった。

そうした〈縁〉というものを感じ、出会いの大切さを知らされた。相逢《そうふ》という縁のありがたさを改めて感受した。中川先生、浅川先生にはふかく感謝するばかりである。本当にありがとうございました。

ところで、こうした縁ということで、もう一人ここで記しておきたい人物がいる。それは一〇五歳でこの七月に亡くなった、日野原重明先生である。聖路加国際病院の名誉院長で、文化勲章受章者。多くの人に知られている文化人医師。私は日野原重明先生の詩集『いのちの哲学詩』を、古本屋で見つけ入手した。そして詩人医師として、その批評的一文を書いた。

そうした詩文学の縁と石橋湛山研究の縁とも重なり、何通かのお手紙や、九十八歳のとき集英社から出版された『紀行詩　旅での人と自然との出会い』を「石村柳三様　日野原重明」と署名して頂き、贈呈をたまわった。嬉しかった。ありがたかった。一〇五歳の天寿を全うした医師日野原重明先生も、天国でゆっくり休まれていることでしょう。そのやすらぎを祈りたい。

出会いという「邂逅《かいこう》」を愛し、大事にされた日野原重明先生とは、直接な面識はなかったが、詩集を通しての邂逅の縁があった。

そうした出会いの人々の縁によって、この『石橋湛山の慈悲精神と世界平和』が世に出ることになった。ありがたいことだと思う。

最後に、この一書を編集してくださったコールサック社代表の鈴木比佐雄氏、本書を担当し校正などに尽力してくれた編集部の鈴木光影氏、座馬寛彦氏にも、ふかく感謝し、ありがとうといいたい。

二〇一七年十一月、すでに立冬に入っている十一日に、千葉市幕張町のふるびた住宅にて――。

石村　柳三

略歴

石村柳三（いしむら　りゅうぞう）

1944（昭和19）年、青森県鶴田町に生まれる。立正大学文学部史学科卒業。詩文学に力を注ぐ。千葉県千葉市幕張町に在住。

〈著書〉

『石橋湛山——信念を背負った言説』（高文堂出版社　《日本図書館協会選定図書》になる）。詩論集『雨新者の詩想』（コールサック社　第八回「日本詩人クラブ詩界賞」の候補になる）。詩集『晩秋雨』（コールサック社）。詩集『夢幻空華』（コールサック社）。詩論集『時の耳と愛語の詩想』（コールサック社）。詩集『合掌』（コールサック社）。

その他アンソロジー詩集等にも作品を寄稿。現在文芸誌「コールサック（石炭袋）」、「佐久文学　火映」、詩誌「いのちの籠《かご》」などを主体にして詩・評論・エッセイ・俳句等を発表。また石橋湛山をライフワーク的なものとして、ささやかであるが研究している。

〈所属〉

日本現代詩人会会員。日本詩人クラブ会員。千葉県詩人クラブ会員。石橋湛山研究学会会員。

〈受賞〉

2013（平成25）年、第二回「石橋湛山平和賞」（選考委員長は井出孫六氏 他４名　山梨平和ミュージアム主催）。

石炭袋

石村柳三『石橋湛山の慈悲精神と世界平和』

2018年1月22日　初版発行
著者　　　　　石村　柳三
編集・発行者　鈴木比佐雄
発行所　株式会社 コールサック社
〒173-0004　東京都板橋区板橋 2-63-4-209
電話 03-5944-3258　FAX 03-5944-3238
suzuki@coal-sack.com　http://www.coal-sack.com

郵便振替　00180-4-741802
印刷管理　（株）コールサック社　製作部

＊装丁　奥川はるみ

＊カバー写真使用許諾　一般財団法人石橋湛山記念財団

落丁本・乱丁本はお取り替えいたします。
ISBN978-4-86435-322-9　C1095　¥1500E